D1688345

INGEBORG POLASCHEK • TEICHPFLANZEN-FIBEL

Ingeborg Polaschek

Teichpflanzen-Fibel

Die schönsten Pflanzen für den Gartenteich

Alle Fotos, soweit nicht anders bezeichnet, stammen von der Autorin.

**Bibliografische Information
der Deutschen Bibliothek**
Die Deutsche Bibliothek verzeichnet diese Publikation in der Deutschen Nationalbibliografie; detaillierte bibliografische Daten sind im Internet über http://dnb.ddb.de abrufbar.

Ingeborg Polaschek
Teichpflanzen-Fibel
ISBN 978-3-935175-46-3

© 2009 Dähne Verlag GmbH, Postfach 10 02 50, 76256 Ettlingen

Alle Rechte liegen beim Verlag. Das gesamte Werk ist urheberrechtlich geschützt. Jede Verwertung außerhalb der Grenzen des Urheberrechtsgesetzes ist ohne Zustimmung des Verlages unzulässig und strafbar. Das gilt insbesondere für Vervielfältigungen, Mikroverfilmungen, die Einspeicherung und Verarbeitung in elektronischen Systemen sowie für Übersetzungen.
Alle Angaben in diesem Buch sind sorgfältig geprüft und geben den neuesten Wissensstand wieder. Eine Garantie kann dennoch nicht übernommen werden. Eine Haftung des Verfassers oder des Verlages für Personen-, Sach- oder Vermögensschäden ist ausgeschlossen.

Lektorat: Ulrike Wesollek-Rottmann
Layout: Atelier Friedemann Bruns, Ettlingen; Ulrike Stauch, Daniela Gröbel
Bildbearbeitung: Repro Specht, Karlsruhe
Druck: Himmer, Augsburg
Printed in Germany

Vorwort

Die Planung eines Wassergartens, und sei es auch nur ein kleiner Teich, ist vorwiegend vom geeigneten Platz abhängig, aber es ist auch eine Sache des persönlichen Geschmacks. Heute erlebt die Gartengestaltung immer wieder neue Trends und jedes Jahr finden wir auf dem Fachmarkt neue Gestaltungselemente. Auch die Sumpf- und Wasserpflanzenauswahl wird immer umfangreicher. Eine verwirrende Vielzahl von Blütenpflanzen in verschiedenen Farben und Formen ist im Angebot wie auch Unterwasserpflanzen, die weniger durch ihre Blüten bestechen sondern für klares und gesundes Wasser sorgen. Gewässer in freier Natur haben eine besondere Vegetation, und wir können in unseren Gärten mit Geschick, Fantasie und Pflanzenkenntnissen einen kleinen Teil davon nachbilden.

Das Ziel dieses Buches ist es, all denjenigen, die sich für „Wasser im Garten" entscheiden, eine Hilfe für die richtige und erfolgreiche Bepflanzung zu geben. Da gibt es kleine Kostbarkeiten, die nicht überwuchert werden möchten, aber auch robuste Gewächse, die sich mit ihren starken Wurzeln überall durchsetzen. Piktogramme zeigen auf einen Blick das Wichtigste für die jeweilige Pflanze.

Folgende Symbole werden verwendet:

- Wuchshöhe
- Blütezeit
- Blütenfarbe
- Wassertiefe
- Standort

Inhalt

Vorwort 5

Wasser- und Sumpfpflanzen 8
Die Pflanzen 12
Wie pflanzen und wohin 14
Seerosen 18
Pflege der Pflanzen 21

Die schönsten Teichpflanzen 24
Algenfarn, Großer 25
Anemopsis 26
Bachbungen-Ehrenpreis 26
Bachminze 27
Bach-Nelkenwurz 27
Baldrian, Echter 28
Binse 29
   Blaugrüne Binse 29
   Blumenbinse 29
   Flatterbinse 30
   Sumpfbinse, Gewöhnliche 30
Blutauge 31
Blutweiderich 32
Brunnenkresse 33
Eidechsenschwanz 33
Fieberklee 34
Felberich, Bewimperter 35

Froschbiss 36
Froschlöffel, Gemeiner 36
Gauklerblume 37
Gilbweiderich 38
   Gewöhnlicher Gilbweiderich 38
   Straußblütiger Gilbweiderich 39
Gnadenkraut 40
Goldkeule 40
Günsel, Kriechender 41
Hechtkraut, Herzblättriges 42
Hahnenfuß, Brennender 44
Hornblatt, Gemeines 45
Igelkolben, Ästiger 46
Kalmus 47
   Graskalmus, Goldgelber 47
Karolina-Moosfarn 48
Kleefarn, Vierblättriger 48
Krebsschere 49
Kuckucks-Lichtnelke 49
Lobelie 50
   Kardinalslobelie 50
   Blaue Lobelie 51
Mädesüß 52
Molchschwanz 53
Pfeilkraut, Gewöhnliches 53
Pfennigkraut 54
Purpurwasserdost 56
Primel 57
   Rosenprimel 57
   Etagenprimel 58
   Kugelprimel 60

Rohrkolben, Breitblättriger	61
Schachbrettblume	62
Schwertlilie	63
Sumpfschwertlilie	63
Amerikanische Sumpfschwertlilie	64
Japanische Sumpfschwertlilie	65
Sibirische Sumpfschwertlilie	65
Scheincalla	66
Amerikanische Scheincalla	66
Weiße Scheincalla	67
Scheinzypergras-Segge	68
Schilf	68
Seekanne	69
Sumpfdotterblume	70
Sumpffarn	72
Sumpfgladiole	73
Sumpfherzblatt	74
Sumpfhibiskus	74
Sumpfcalla	75
Sumpfvergissmeinnicht	76
Sumpf-Wolfsmilch	78
Tannenwedel	78
Tausendblatt, Brasilianisches	79
Teichrose	80
Gelbe Teichrose	80
Kleine Teichrose	81
Trollblume	82
Europäische Trollblume	82
Kleine Trollblume	83
Wasserknöterich	84
Wassernabel	84
Wasserhyazinthe	85
Wassernuss	86
Wasserpest, Dichtblättrige	86
Wasserstern, Gemeiner	87
Winterschachtelhalm	88
Wollgras, Breitblättriges	89
Zebrasimse	90
Zwergrohrkolben	91

Verzeichnis der wissenschaftlichen Pflanzennamen 92

Wasser- und Sumpfpflanzen

Wohl kaum ein Gestaltungselement bereichert Parklandschaften mehr als ein schöner Teich, dessen Oberfläche silbern im Sonnenschein glitzert. Bunte Seerosen in Gesellschaft mit vielen anderen Pflanzen, die nur im oder am Wasser gedeihen, verleiten den Betrachter zum Träumen. Hier und da verweilen durstige Vögel, nehmen ein erfrischendes Bad und putzen emsig ihr Gefieder. Schillernde Libellen schwirren über die Wasserfläche und suchen eine günstige Stelle zur Eiablage. Alles wirkt verträumt und selbst der kleine Bach kann mit seinem Gemurmel diese Harmonie nicht stören. Ist es da nicht verständlich, dass man sich jene schönen Eindrücke in den eigenen Garten holen möchte?

Inzwischen gibt es viele Möglichkeiten, um diesen Traum wahr werden zu lassen. Ein großer Industriezweig hat es sich zur Aufgabe gemacht, bei Planung und Gestaltung von Gewässern zu helfen und aufzuzeigen, wie sich Wassergärten selbst auch auf kleinstem Raum reizvoll gestalten lassen. Nicht zuletzt sind es die überaus wichtigen Wasser- und Sumpfpflanzen, die in großer Auswahl auf dem Fachmarkt zu finden sind. Bis sie jedoch ihren künftigen Standort besiedeln können, muss dieser gut vorbereitet werden. Bei Fertigteichen sind die unterschiedlichen Pflanzzonen bereits vorgefertigt, so dass es nicht mehr viel Mühe bereitet, für die verschiedensten Arten den richtigen Platz zu finden. Folienteiche und Teiche aus Naturbaustoffen machen etwas mehr Mühe, denn hier müssen die Zonen für die verschiedenen Tiefen während der Verarbeitung geformt werden.

Ob man sich nach sorgfältiger Planung für einen natürlich wirkenden Gartenteich mit geschweiften und bogenförmigen Uferlinien entschieden hat, oder gerne einem geometrischen Teich im Garten den Vorzug geben möchte, kommt nicht alleine auf das Umfeld an, sondern ist auch in den meisten Fällen Geschmacksache.

Wenn die Hauptarbeiten getan sind, die Folie liegt, der Fertigteich „in der Waage sitzt", folgt die schönste Arbeit, das Bepflanzen. Es kann sich jedoch kein Erfolg einstellen, wenn man wahllos, nur aus dekorativen Gründen, eine Bepflanzung vornimmt. Die Pflanzen kümmern in einer vielleicht nicht entsprechenden Wassertiefe, und die erhoffte, prächtige Seerosenblüte lässt auf sich warten. Viele Teichzonen gehen ineinander über, daher findet man auf den Hinweisschildchen der Wasserpflanzengärtnereien meistens Empfehlungen für den günstigsten Standplatz.

Aus der Natur dürfen keinesfalls Pflanzen entnommen werden. Natürlich ist die Versuchung groß, wenn man im Frühjahr an einem Teichrand wunderschöne Sumpfdotterblumen in voller Blüte entdeckt. Weithin streben ihre leuchtend gelben Blüten zwischen sattgrünen Blättern der Sonne entgegen. Allerdings würden sie das Ausgraben sehr übel nehmen, und die Strafe für den Naturfrevler dürfte nicht niedrig ausfallen, denn die Pflanzen stehen unter Artenschutz. Schlimmstenfalls könnte man sich auch Pflanzenschädlinge in den Gartenteich holen. Vor dem Bepflanzen des Teiches stellt sich die Frage, welche Erde (Substrat) man einbringen sollte. Über die richtige Pflanzerde gibt es immer wieder Diskussionen und fast jeder Fachmann hält seine eigene Mischung für die beste. Alle sind sich aber darüber einig, dass die Erde für den Bodengrund des Teiches Lehm enthalten sollte.

Eine falsche Teicherde ist einer der häufigsten und größten Fehler, die beim Anlegen eines Teiches gemacht werden. Unverrottete Pflanzenteile gehen im Wasser unter Luftabschluss während der Zersetzung in Fäulnis über, und die Folgen sind nicht erfreulich. Einige Tage lang ist das Wasser klar, dann aber steigen plötzlich Blasen auf, das Wasser wird zusehends grüner und undurchsichtiger, bis sich bald nur noch eine übel riechende Brühe im Teich befindet.

Pflanzen nehmen ihre Nährstoffe aus dem Wasser. Diese Stoffe bleiben in der Biomasse der Pflanzen erhalten und werden nach deren Absterben dem Wasser wieder zugeführt. Somit ist der Kreislauf geschlossen und es wird verständlich, dass eine zusätzliche Zuführung von Nährstoffen (ungeeignetes Bodensubstrat) nicht sinnvoll ist.

Um dies zu verhindern, sollte Teicherde möglichst nährstoffarm sein. Denkbar ungünstig ist Mutterboden, welcher oft noch mit Düngemitteln angereichert ist. Ebenfalls ungeeignet sind hohe Torfanteile und Kompost. Reiner steinfreier Lehmboden ist gut geeignet, vermischt mit gesiebtem Sand und Torf im Verhältnis 70–20–10.

Im Laufe der Jahre zeigte es sich, dass vermehrt auf das fertig käufliche Bodensubstrat zurückgegriffen wurde. Daher sind inzwischen geeignete Mischungen auf dem Markt, die sich in der Zusammensetzung ähneln. Hier sollte man sich für eine Erde mit dem geringsten Torfanteil entscheiden.

Hinweise darüber findet man auf der Verpackung. Sand-Kies-Lehmgemische sind günstig, denn diese Substrate schwimmen nicht auf und enthalten wenige Nährstoffe.

Es stellt sich allerdings hier die Frage, wieso auf dem Fachmarkt Düngemittel für Wasserpflanzen angeboten werden. Das rührt auch daher, dass im Vergleich zu Gewässern in freier Natur Folien- und Fertigteiche abgeschlossene Systeme sind. Hier können in den folgenden Jahren nach der Pflanzung Mangelerscheinungen auftreten. Besonders in Trögen und anderen Gefäßen sind durch die beengten Verhältnisse und starken Durchwurzelungen Nährstoffe sehr schnell verbraucht. Es zeigen sich schwaches Wachstum, Vergilben und Absterben der Blätter und Anfälligkeiten für Krankheiten. Da Kleinstgewässer und Gefäße ja immer einen gepflegten Anblick bieten sollen, ist das schnelle Entfernen aller abgeblühten und unansehnlichen Teile verständlich. Damit ist jedoch der Kreislauf unterbrochen, denn eine Rückführung von Nährstoffen in den Wurzelbereich ist nicht mehr möglich.

Die Pflanzen

Wer die Möglichkeit hat – und wenn es die Größe des Geländes zulässt – einen Gartenteich mit verschiedenen Pflanzzonen anzulegen, hat es mit der Auswahl der Pflanzen nicht schwer, denn meistens sind den einzelnen Arten und Sorten im Handel kleine Schildchen mit Pflanzhinweisen beigegeben. Es ist schon eine Hilfe, wenn man weiß, wie sich die einzelnen Zonen naturgemäß aufbauen. Man unterscheidet:

Es ist wohl eine der schönsten Beschäftigungen und auch sicherlich die erholsamste „Arbeit" beim Bau eines Gartenteiches in Pflanzenkatalogen zu blättern oder in Gärtnereien nach den schönsten und natürlich auch wichtigsten Sumpf- und Wasserpflanzen Ausschau zu halten. Pflanzen bestimmen nicht nur das Erscheinungsbild eines Wassergartens, sie haben auch eine Aufgabe in dem oft zitierten „biologischen Gleichgewicht". Das heißt, sie helfen ein ausgeglichenes Verhältnis zu schaffen zwischen Wasser, Tieren und Gewächsen.

Ende April beginnt die Pflanzzeit für Wasserpflanzen. Hin und wieder findet man sie teilweise auch schon im März im Handel. Diese Pflanzen sind oft im Gewächshaus gezogen und es drohen Verluste, wenn sie zu früh draußen eingesetzt werden. Entweder schaden ihnen frostige Nächte oder die Strahlen einer grellen Frühjahrssonne. Wenn es auch schwerfällt, etwas Geduld sollte man aufbringen bis kräftige und widerstandsfähige Sumpf-

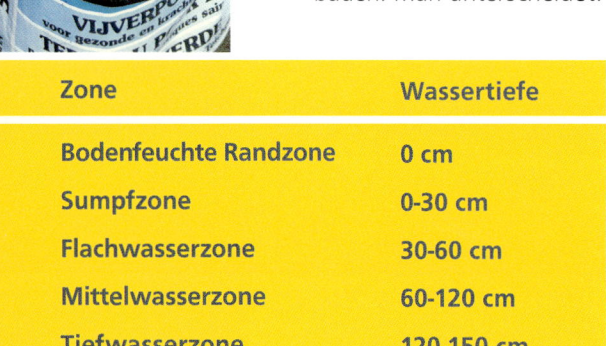

Zone	Wassertiefe
Bodenfeuchte Randzone	0 cm
Sumpfzone	0-30 cm
Flachwasserzone	30-60 cm
Mittelwasserzone	60-120 cm
Tiefwasserzone	120-150 cm

Wie in freier Natur sollten auch im Gartenteich die verschiedenen Teichzonen möglichst sanft ineinander übergehen.

und Wasserpflanzen angeboten werden. Bis dahin hat sich das Wasser im Teich schon etwas erwärmt, wodurch die Sprossenbildung und das Wachstum der Pflanzen begünstigt werden. Angeboten werden Wasser- und Sumpfpflanzen bis in den Herbst hinein. Man kann sie auch selbst dann noch unbedenklich einsetzen, denn sie werden in sogenannten Containern gezogen und zeigen daher meist eine vorteilhafte Durchwurzelung.

Auch wenn in den Medien wunderschöne Teiche präsentiert werden mit einem üppigen bunten Blumenflor, so darf man sich nicht verleiten lassen, den eigenen Teich übermäßig zu bepflanzen, um schnell eine solche dicht geschlossene, farbenfrohe Vegetation zu erreichen. Zum Trost: Auch diese Musterteiche wirken anfangs etwas kahl und zeigen noch nichts von ihrer künftigen Pracht.

Oftmals findet man Gartenteiche, aus Unwissenheit nur besetzt mit einer Seerose und vielleicht ein, zwei Rohrkolben. Diese alleine können nicht alle naturgemäßen Aufgaben bewältigen. An eine sehr wichtige Pflanzenart – nämlich Unterwasserpflanzen – hat man nicht gedacht. Ohne diese untergetaucht lebenden Pflanzen ist ein natürliches Gleichgewicht im Gartenteich nicht möglich, denn durch die Fotosynthese sind sie wertvolle Sauerstoffspender, da etliche unter ihnen auch im Winter unter der Eisdecke grün bleiben.

Fotosynthese

Grüne Pflanzen binden unter Lichteinwirkung das im Wasser oder in der Luft vorhandene Kohlendioxid und speichern es in Form von Kohlenhydraten. Dabei wird Sauerstoff abgegeben. Dieser verbessert die Wasserqualität, kommt der Atmung der Wassertiere zugute sowie der Zersetzung organischer Substanzen mit Hilfe sauerstoffbedürftiger Bakterien.

Einige Unterwasserpflanzen leben völlig untergetaucht und schicken höchstens ihre Blüten über die Wasseroberfläche. Ihre Wurzeln dienen – so weit überhaupt vorhanden – lediglich zur Verankerung oder zur Aufnahme von Nährstoffen direkt aus dem Wasser. Durch manche Unterwasserpflanzen entstehen auf dem Teichboden regelrechte Rasen. Einige bilden Winterknospen (Hibernakel), die sich im Herbst von den Pflanzen lösen und im Frühjahr neue Pflanzen entwickeln. Man kann Unterwasserpflanzen auch noch einbringen, wenn der Teich schon angelegt ist. Sie werden mit einem Stein zusammengebunden und einfach in das Wasser geworfen.

Wie pflanzen und wohin?

Für das harmonische Gesamtbild eines Wassergartens oder auch nur für einen kleinen Teich ist es wichtig, dass die niedrig wachsenden Pflanzen an jene Seiten gesetzt werden, die vom Betrachter vorwiegend eingesehen werden. Man möchte ja zum Beispiel den Teich vom Balkon oder von der Terrasse aus immer gut im Blickfeld haben. Das heißt also: niedrige Pflanzen nach vorn, höher wachsende nach hinten.

Wasserpflanzen, welche zum Wandern neigen, setzt man am besten in Pflanzkörbe. Die Körbe findet man im Handel in verschiedenen Größen. Sie sind aus Kunststoff

Schön bepflanzter Gartenteich

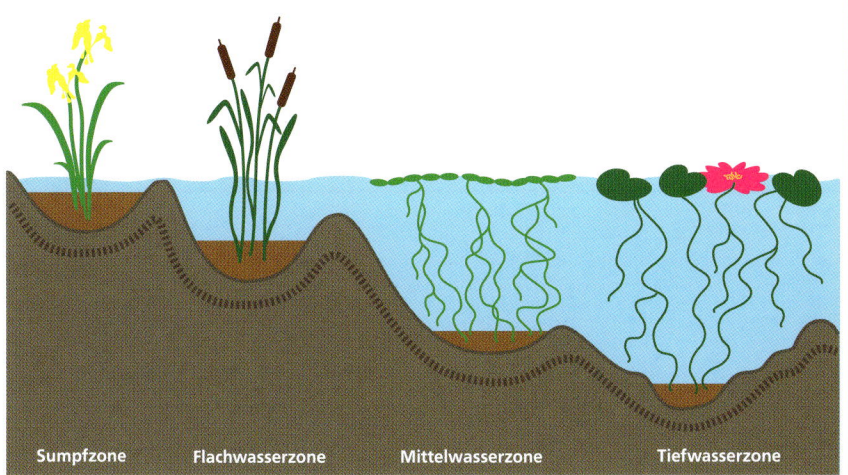

| Sumpfzone | Flachwasserzone | Mittelwasserzone | Tiefwasserzone |

oder aus Kokosfaser gefertigt und auch gut geeignet zum Aufstellen in jenen Teichen, wo es nicht möglich ist, verschiedene Tiefen für die einzelnen Pflanzzonen zu modellieren. Die Vorteile der Pflanzkörbe liegen auf der Hand. Ein wildes Durcheinander verschiedener Wasserpflanzen ist nicht möglich, es sei denn, die Wurzeln finden einen Weg, über den Rand des Korbes zu wachsen. Dann jedoch ist es ohnehin an der Zeit, die Pflanzen umzusetzen oder zu teilen.

An steilwandigen Teichen finden Erde und Pflanzen keinen Halt. Hier sind leicht anzubringende Kokostaschen sehr hilfreich. Mit Erde befüllt und geschickt bepflanzt, verdecken sie zusätzlich unschöne Teichränder.

Um ein Ausschlämmen der Erde zu verhindern, legt man Gitterkörbe vor dem Einbringen der Erde mit Jute oder Zeitungspapier aus. Nach dem Setzen der Pflanzen deckt man die Oberfläche mit gewaschenen Kieselsteinen ab, um ein Aufschwimmen zu verhindern. Die bepflanzten Körbe werden anschließend vorsichtig gut durchnässt und der Wassertiefe entsprechend aufgestellt. (Wassertiefe = Abstand zwischen Wasserspiegel und Wurzelansatz).

Natürlich können Pflanzen auch direkt in den Teichgrund gesetzt werden. Allerdings erschwert dies ihre Pflege, und nach wenigen Jahren sind sie derart ineinander verwachsen, dass sich der gesamte Teichgrund zur Oberfläche erhebt,

wenn man auch nur eine Pflanze entfernen möchte. Säge und scharfe Messer müssen eingesetzt werden und leider geschieht es immer wieder, dass bei diesen Arbeiten auch die stärkste Teichfolie in Mitleidenschaft gezogen wird. Und ein undichter Teich ist wohl der Schrecken eines jeden Gartenteichfreundes.

Das Einsetzen der Pflanzen in die einzelnen Zonen erfolgt vor dem Einlassen des Wassers. Man beginnt in der Mitte des Teiches und arbeitet hin zum Teichrand. Hierdurch wird vermieden, dass das vorher gut angefeuchtete Substrat nicht mehr als nötig begangen und festgetreten wird. Je nach Profil des Teiches kann man mit dem Befüllen beginnen, sobald der Teichboden bepflanzt ist und man keine nassen Füße mehr bekommt beim weiteren Bepflanzen der einzelnen Zonen. Mittels eines auf dem Teichboden stehenden Eimers lässt man langsam Wasser einlaufen. Hierfür legt man einen Wasserschlauch in den Eimer und sobald dieser voll ist, wird das Wasser ohne viel Bodengrund aufzuwirbeln über den Eimerrand laufen. Auf diese Weise hält sich die Trübung des Wassers beim Befüllen des Teiches in Grenzen.

Damit die meist sehr empfindlichen Wasserpflanzen keine Trockenschäden erleiden, führt man die Pflanzarbeiten am besten nicht in der prallen Mittagssonne aus oder man pflanzt an einem trüben Tag.

Wer Wasserpflanzen durch eine Versandgärtnerei bezieht, muss sie nach Erhalt sofort auspacken und darauf achten, dass die Etiketten nicht verwechselt werden. Ist das Einsetzen im oder am Teich nicht gleich möglich, sollte man sie kurzfristig an einer feuchten und schattigen Stelle aufbewahren. Unterwasserpflanzen sind besonders empfindlich und sollten möglichst sofort in den Teich gegeben werden. Ist dies nicht möglich, finden sie kurzfristig ihren Platz in einem mit Wasser befüllten Eimer.

rechte Seite von oben:
Teichrand mit Sumpfdotterblumen

Teich mit verschiedenen Wasserspielen

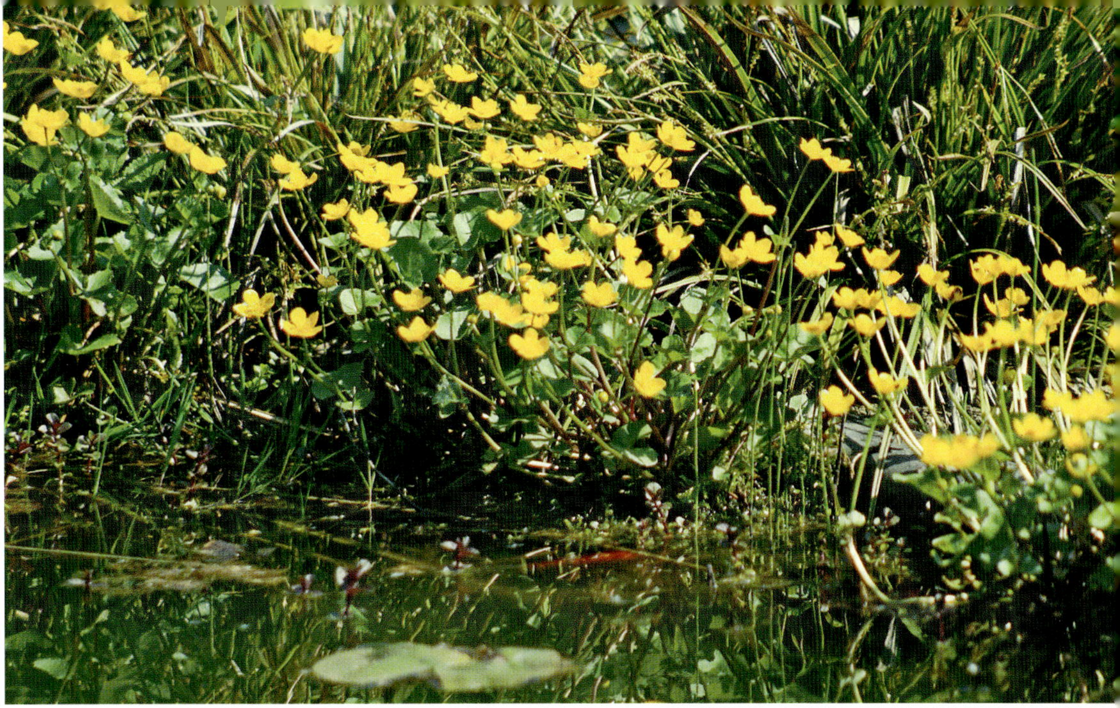

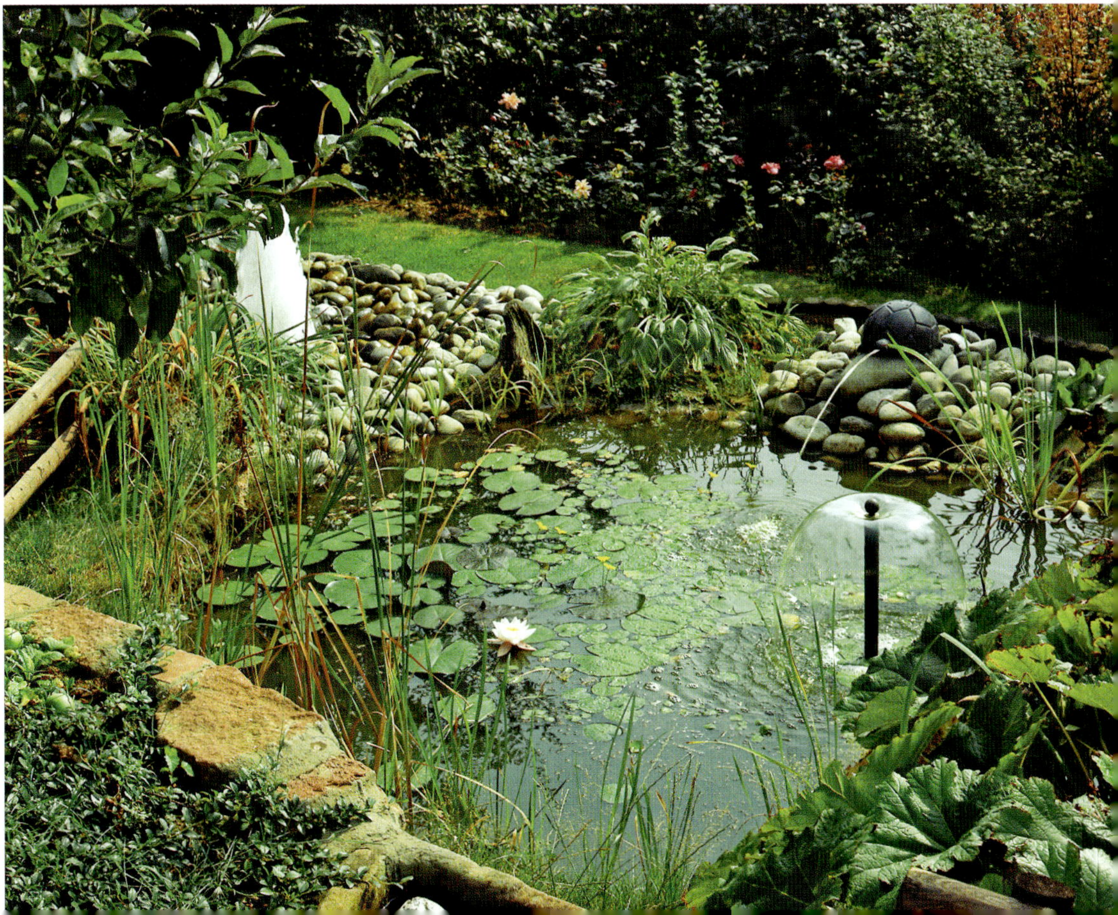

Nymphaea 'Rose Arey', eine robuste Seerose für den Teich ab 6 m²

Seerosen

Sie sind die Königinnen im Wassergarten, und nur wenige Teichfreunde möchten sie missen. Nicht von ungefähr bedachte sie der Volksmund mit romantischen Namen wie Nixenblume und Wasserlilie. Für Fotografen gehören sie mit zu den beliebtesten Motiven und wer kennt nicht das wunderschöne Bild „Seerosenteich" des französischen Malers Claude Monet? Die Palette dieser bezaubernden Pflanzen ist groß, zumal sie auch für verschiedene Wassertiefen angeboten werden.

Seerosenzüchter bringen immer wieder neue Sorten auf den Markt. Da gibt es Winzlinge, welche mit kleinen Gefäßen zufrieden sind und sich besonders gut für Wasserschalen und Miniteiche eignen, aber auch imposante Sorten mit einem Blütendurchmesser bis zu 25 cm. Inzwischen werden Seerosen auch bereits schon in Supermärkten als Containerware angeboten. Hier sind allerdings keine Hinweise zur richtigen Pflanzung und Pflege zu erwarten.

Auch hier kommt es auf das richtige Pflanzsubstrat an, wenn sich Seerosen von ihrer ganzen bezaubernden Pracht zeigen sollen. Die Beachtung der entsprechenden Wassertiefe ist ebenfalls von Bedeutung. Sie ist bei allen Sorten, die aus einer Züchtung stammen, auf den Namensschildchen vermerkt.

Damit Seerosen gut gedeihen, brauchen sie fünf Stunden Sonne und lehmige, nährstoffreiche Erde, zum Beispiel ein Lehm-Sandgemisch. Die richtige Erde ist vor allem wichtig, wenn sie nicht in perforierte Wasserpflanzenkörbe oder frei in den Teichboden gepflanzt werden, sondern in geschlossene Behälter. Hier ist ein Nährstoffaustausch mit dem Teichwasser kaum möglich, und man sollte Nährstoffe in Form eines speziellen Seerosendüngers oder Hornspäne zuführen.

Torfhaltige Erde, wie sie meist im Handel als „Wasserpflanzen-Erde" angeboten wird, ist ungeeignet. Ihr hoher Humus- oder Torfanteil ist für Seerosen ungünstig und führt zur Fäulnisbildung. Natürlich können Seerosen auch direkt in den Teichboden gepflanzt werden. Eine Höhe des Substrats von 25 cm ist schon notwendig, damit sie einen guten Halt finden und genügend Fläche zum Ausbreiten ihrer Wurzeln zur Verfügung haben.

Seerosen müssen richtig in das Substrat eingesetzt werden, das heißt, der fleischige Wurzelstock, auch als Rhizom bezeichnet (verdickter Teil der Wurzel, Nährstoffspeicher der Seerose) wird etwas schräg in eine Mulde gedrückt,

1 *Nymphaea* 'Froebeli' für kleine Teiche ab 2 m^2

2 *Nymphaea* 'Rose Arey'

3 *Nymphaea* 'Tetragona' eine der kleinsten Seerosen, für Wasserkübel und für Teiche ab 6 m^2 geeignet

4 *Nymphaea* 'Sunrise' für Teiche ab 5 m^2

5 *Nymphaea* 'Pöstlingberg', geeignet für tiefe Teiche

von links:
Schadbild des Seerosenzünslers

Egel auf der Blattunterseite sind meist harmlos

Seerosen-Blattkäferlarven zerstören die Blätter von innen

mit Erde bedeckt und gut durchnässt. Triebe und Knospen müssen noch sichtbar sein. Steine oder eine Kiesauflage verhindern das Aufschwimmen des Rhizoms, wenn langsam Wasser in den Teich eingelassen wird.

Es gibt auch Seerosensorten ohne Wurzelstock. Diese setzt man nicht schräg, sondern gerade in die Erde.

Seerosen sind zwar Wasserbewohner, können dennoch „ertrinken" falls sie anfangs zu tief eingebracht werden und die Kraft nicht aufbringen, um die Wasseroberfläche zu erreichen. Man stellt die Körbe vorerst an seichte Stellen oder legt Steine darunter, die man nach und nach wegnimmt, bis die Körbe in der entsprechenden Tiefe sitzen. Im Herbst ist dieses Vorgehen weniger wichtig, da sich Seerosen bereits auf den Winter einstellen und keine Blüten mehr bilden. Was Seerosen nicht mögen, ist eine ständige Berieselung von oben durch Wasserspeier und Springbrunnen oder starke Wellenbewegungen.

Nymphaea 'Marliacea rosea', für Teiche ab 12 m²

Pflege der Pflanzen

Häufig findet man in den Hinweisen zur Gartenteichpflege den Begriff „biologisches Gleichgewicht". Damit ist ein ausgeglichenes Verhältnis zwischen Wasser, Pflanzen und Tieren gemeint. Bis sich dieses Gleichgewicht einstellt, kann es im Teich zu einer vermehrten Algenbildung kommen. Diese Fadenalgen sollte man hin und wieder abfischen. Auch die so genannte Wasserblüte – eine Grünfärbung des Wassers – resultiert aus einem Überangebot an Nährstoffen. Sie erscheint häufig bei Neuanlagen, wird jedoch in einem ausreichend bepflanzten Teich nicht von langer Dauer sein sobald die Wasserpflanzen ihre „Arbeit" beginnen und ihre Nahrung aus dem Wasser beziehen.

Sumpf- und Wasserpflanzen sind anspruchslose Gewächse, wenn ihnen der Standort zusagt. Falls sie zu stark wuchern, können sie ausgelichtet oder je nach Art zurück geschnitten werden. Falls ihre Blühwilligkeit nachlässt – meist bei Kübelpflanzung – kann ein handelsüblicher Langzeitdünger in Form von Pellets eingesetzt werden. Hier sollte man sich exakt nach der angegebenen Dosierung richten. Vielleicht hilft es aber auch schon, die Pflanzen in größere, mit unverbrauchter Gartenteicherde befüllten Gefäße zu setzen (siehe Erdmischungen) und die Wurzeln etwas zu kürzen.

Im Frühjahr gibt es in der Sumpfzone etwas Arbeit, denn es müssen abgestorbene Pflanzenteile abgeschnitten oder abgezupft werden, um den neuen Trieben Platz zu machen. Mit einem kleinen Handrechen, den man vorsichtig zwischen den einzelnen Pflanzen hindurch zieht, entfernt man alte Blätter und anderes totes Pflanzenmaterial von der Oberfläche. Ziergräser am Uferrand, die im Herbst nicht geschnitten wurden, um sie vor dem Verfaulen durch Staunässe zu schützen, erhalten ihren „Frühjahrsschnitt". Im Sommer werden stark wach-

Teichschere und Teichzange sind wertvolle Hilfsmittel zur Teichpflege.

sende Schwimmblattpflanzen etwas ausgelichtet, bevor sie den Unterwasserpflanzen das lebensnotwendige Licht wegnehmen, indem sie die ganze Wasserfläche zuwuchern.

Wenn Wasser- und Sumpfpflanzen kränkeln, sagt ihnen vielleicht der Standort nicht zu oder sie werden von Schädlingen heimgesucht. Die häufigsten Schädlinge sind Blattläuse, die selbst vor Seerosen nicht Halt machen. Es ist der einfachste Weg, die befallenen Blätter abzuschneiden, sofern sie erreichbar sind. Auch ein kräftiger Wasserstrahl kann schon hilfreich sein. Vorsicht ist bei chemischen Mitteln geboten, denn diese müssen giftfrei für Fische sein. Obwohl pflanzlicher Herkunft ist auch Pyrethrum tödlich für Kaltblüter.

Es ist möglich, dass man sich beim Kauf von Seerosen einen Schädling, den Seerosenblattkäfer (Galerucella nymphaeae) einschleppt. Seine Käfer und Larven schädigen Knospen, Blätter und Blüten. Eine gelbliche, nur wenige Millimeter große Larve schabt furchenartige, gebogene Rillen in die Seerosenblätter. Diese Rillen sind das beste Zeichen für einen Befall durch diesen Schädling. Man kann ihn bekämpfen, indem man die Larven von den Blättern abliest und vernichtet. Andernfalls entwickeln sich geflügelte Weibchen, die auf anderen Seerosenblättern ihre nur millimetergroßen Eierhäufchen ablegen. Auch diese sollten schnellstens entfernt werden, um eine Massenvermehrung unmöglich zu machen.

Ein weiterer Schädling, der nicht nur Seerosen, sondern auch andere Schwimmblattpflanzen wie etwa Seekanne (Nympoides peltata) und Froschbiss (Hydrocharis morsus-ranae) heimsucht, ist der Seerosenzünsler (Elophila nymphaeata). Ein Befall zeigt sich dadurch an, dass am Rande der Blätter kleine Stücke fehlen. Hier war die Larve dieses mottenähnlichen, weißgrauen Falters am Werk, denn sie heftet jeweils zwei dieser Stückchen zusammen, um in diesem „Bötchen" durch das Wasser zu driften, an anderen Blättern anzulegen und weiter zu fressen.

Aufmerksam sollte man schwimmende Blattstückchen entfernen, denn sicherlich ist hier dieser Schädling unterwegs.

So schön Seerosen auch sind, den Teich darf man damit nicht überladen. Vielfach machen „Gartenteichanfänger" den Fehler und berücksichtigen nicht, dass die meist noch sehr klein wirkenden Pflanzen mit ihren anfänglich zwei, drei Blättern bei guten Bedingungen schnell wachsen und viel Wasseroberfläche brauchen. Man muss bedenken, dass die Blätter später nur etwa die Hälfte des Teiches bedecken sollten und vielleicht auch noch andere Schwimmblattpflanzen hinzukommen. Es kommt nämlich vor, dass plötzlich Sumpf- und Wasserpflanzen erscheinen, die man gar nicht eingesetzt hatte. Vielleicht wurden die Samen von Enten mit ihrem Gefieder in den Gartenteich gebracht, oder der Wind war der Verbreiter. Ein fast zugewucherter Teich wirkt nicht mehr ästhetisch. Ein Drittel offener Wasserfläche sollte noch zu sehen sein. Auch für die Bepflanzung eines Gartenteiches gilt: weniger ist mehr.

Bepflanzungsbeispiele (Wasserfläche in Quadratmetern)

- **2 m²:** 2 Schwimmblattpflanzen (1 Seerose, 1 Seekanne, 3 Unterwasserpflanzen), 6 Sumpf- und (oder) Flachwasserpflanzen
- **4 m²:** 4 Schwimmblattpflanzen (1 Seerose oder 2 Zwergseerosen, 1 Wasserähre), 1 Seekanne, 4 Unterwasserpflanzen, 10 Sumpf- und (oder) Flachwasserpflanzen
- **6 m²:** 5 Schwimmblattpflanzen (2 Seerosen, 1 Wasserähre, 2 Seekanne), 5 Unterwasserpflanzen, 15 Sumpf- (oder) Flachwasserpflanzen
- **8 m²:** 5 Unterwasserpflanzen, 10 Sumpf- und Flachwasserpflanzen, 2 Seerosen, 2 Schwimmpflanzen

Die schönsten Teichpflanzen

Großer Algenfarn, Feenmoos, gefiederter Algenfarn
Azolla filicoluides

Diese subtropische, moosartige Schwimmpflanze mit schuppenartigen Blättern ist ein guter Wasserklärer, denn sie nimmt mit ihren fadenartigen Wurzeln ihre Nahrung direkt aus dem Wasser. Frei treibend bedeckt sie durch ihre vegetative Vermehrung schnell große Teile der Wasserfläche und muss hin und wieder abgefischt werden, um den Unterwasserpflanzen nicht das Licht zu nehmen. Milde Winter überdauert diese aus den Tropen eingeschleppte Pflanze inzwischen auch in unseren Breiten ohne Schaden zu nehmen.

Familie:
Moosfarngewächse, Azollaceae

 2-3 cm breit

 VIII-X

 1-30 cm, im Schlamm Landformen bildend

 Sonne, Halbschatten

Anemopsis
Anemopsis californica

Familie:
Eidechsenschwanz-
gewächse, Saururaceae

 35 cm

 VII-VIII

 weiß

 0-1 cm

 Sonne, Halbschatten

Diese kälteempfindliche Pflanze ist ein ziemlicher Neuling auf dem Wasserpflanzenmarkt. Sie braucht einen sonnigen oder halbschattigen Platz bei gleichmäßiger Feuchtigkeit. Viele winzige Blüten sitzen auf einer kegelförmigen Mitte, umgeben von weißen Hüllblättern. Diese zeigen oft eine arttypische weinrote Fleckung, die zur Annahme führen kann, es handele sich um eine Krankheit oder Blattverletzung. Die aus dem südlichen Amerika und Mexiko stammende Pflanze benötigt einen sorgfältigen Winterschutz.

Bachbungen-Ehrenpreis
Veronica beccabunga

Familie:
Braunwurzgewächse,
Scrophulariaceae

 10-15 cm

 VI-IX

 blau

 0-10 cm

 Sonne, Halbschatten

Zwischen den kurz gestielten, fleischigen Blättern der Bachbunge schauen blaue Blüten in lockeren Trauben hervor. Die Pflanze besitzt einen kriechenden Wurzelstock, der sich bis zu 60 cm weit ausbreiten kann. Daher ist dieser unermüdliche Dauerblüher gut geeignet, um unschöne Teichränder zu verdecken. Auch unter Wasser bedeckt die Bachbunge schnell grüne Flächen, und schickt nur ihre Blüten über das Wasser. Für den Bachlauf im Wassergarten ist sie besonders gut geeignet.

Bachminze, Wasserminze
Mentha aquatica

Wegen ihres auffallend aromatischen Duftes wird sie gerne angepflanzt und gedeiht gut am Teichrand wie im Flachwasserbereich. Hinsichtlich ihres Standortes ist sie wenig wählerisch. Mit ihren Wurzeln verbreitet sie sich stark über oder unter Wasser, so dass sie selbst auch weit über Pflanzenkörbe hinaus ihre langen Ausläufer in das freie Wasser schickt. Als gute Bienenweide wird sie während ihrer Blütezeit auch von vielen anderen Insekten aufgesucht. Sie bastardiert mit fast allen anderen Minze-Arten.

Familie:
Eidechsenschwanzgewächse, Saururaceae

 20-50 cm

 VII-IX

 violett, weiß

 0-10 cm

 Sonne

Bach-Nelkenwurz
Geum rivale

Wie der Name schon vermuten lässt, ist diese schöne, horstig wachsende Pflanze mit den nickenden Blütenglöckchen besonders gut für Bach- und Teichränder geeignet. Ihre Blüten, die sich später zu haarigen Fruchtköpfchen entwickeln, werden gerne von Hummeln besucht. Im Wassergarten findet sie einen sicheren Platz, denn in freier Natur wird sie oft bedrängt durch hoch wachsende Arten. Neben der reinen Art sind einige Sorten im Handel wie etwa „Goldball" mit gelben Blüten und der rot blühende, gefüllte „Feuerball".

Familie:
Eidechsenschwanzgewächse, Saururaceae

 30-60 cm

 IV-VI

 rötlichgelb

 0-2 cm

 Sonne, Halbschatten

Echter Baldrian
Valeriana officinalis

Familie:
Baldriangewächse,
Valerianaceae

 100-180 cm

 VI-VII

 rosaweiß

 0-1 cm

 Sonne

Bekannt als Heilpflanze lässt sich Baldrian auch gut im Wassergarten kultivieren. Er ist anspruchslos, verbreitet sich selbst und gedeiht in der Sumpfzone wie auch in der Übergangszone zum trockenen Ufer. Sein Wuchs ist locker aufrecht und seine duftenden Blüten stehen in schirmförmigen Trugdolden. Als Solitärstaude im Teichhintergrund ist er gut geeignet. Er zeigt sich auch wirkungsvoll in Gemeinschaft anderer hoher Pflanzen, wie etwa mit Mädesüß (*Filipendula ulmaria*) und Wasserdost (*Eupatorium cannabinum*).

Für kleine Teichanlagen ist der kleine Baldrian *Valeriana officinalis* besser geeignet.

Blaugrüne Binse
Juncus inflexus
Syn. *Juncus glaucus*

Im Gegensatz zu vielen anderen Binsenarten ist die Blaugrüne Binse nicht sehr wanderfreudig.

Man muss daher nicht befürchten, dass sie anderen Gewächsen den Platz streitig macht, und kann sie auch besonders gut zur Auflockerung und als Kontrast zwischen bunt blühenden Sumpfpflanzen verwenden. Ihr besonderer Schmuckwert liegt in der bläulichen Farbe ihrer längsstreifigen Stängel. Sie ist sehr empfehlenswert für kleinere Wassergärten.

Familie:
Binsengewächse, Juncaceae

40-100 cm

VII-VIII

braun

0-5 cm

Sonne, Halbschatten

Blumenbinse, Schwanenblume
Butomus umbellatus

Mit ihren rosa Blütendolden auf meterhohem Schaft bringt die Pflanze Farbe und Schmuck in den Wassergarten. Häufig ist der Blütenstiel gebogen wie ein Schwanenhals und hat dieser schönen Pflanze auch den Namen „Schwanenblume" eingebracht.

In der Flachwasserzone lässt sie sich gut mit anderen hoch wachsenden Pflanzen kombinieren. Mit kriechendem Wurzelstock breitet sie sich gerne aus, so dass der Wuchsraum etwas begrenzt werden sollte. Stark kalkhaltiges Wasser wirkt sich ungünstig auf ihre Entwicklung aus.

Familie:
Wasserlieschgewächse, Butomaceae

60-150 cm

VI-VIII

rosa

0-30 cm

Sonne, Halbschatten

Flatterbinse
Juncus effusus

Familie:
Binsengewächse,
Juncaceae

 30-40 cm

 VI-VII

 grün

 0-5 cm

Sonne,
Halbschatten

Binsen sind mehrjährige Pflanzen, die entweder lockere Rasen oder Horste bilden. Von der häufig vorkommenden Flatterbinse sind die unterschiedlichsten Formen bekannt. Sie unterscheiden sich teils durch etliche Farbabweichungen oder Blütenreichtum. Die hier genannte Flatterbinse wächst in dichten Horsten aus grasgrünen, glatten, glänzenden Stängeln. Zu empfehlen ist auch die Sorte *Juncus spiralis*. Sie ist eine schmückende Bereicherung für den Wassergarten durch ihre korkenzieherartig gewundenen Halme.

Gewöhnliche Sumpfbinse
Eleocharis palustris

Familie:
Riedgrasgewächse,
Cyperaceae

 30-50 cm

 V-VII

 braun

 0-30 cm

Sonne,
Halbschatten

Diese kleine Binse bildet mit ihren unterirdisch kriechenden Rhizomen auf nährstoffreichen Böden schnell dichte Gruppen. Diese wirken durch die unzähligen braunen Ährchen auf den Stängelspitzen wie ein undurchdringlicher kleiner Wald. Zur Uferbefestigung ist die Pflanze durch ihren rasenartigen Wuchs gut zu verwenden und dringt auch in das offene Wasser vor. In einem kleinen Teich pflanzt man sie am besten in Körbe oder sorgt für Eingrenzungen.

Blutauge
Potentilla palustris

Dunkelgrünes, scharf gezacktes Laub und samtig dunkelrote Blüten zeichnen diese wertvolle Pflanze aus wie auch die im Herbst sich rot färbenden Blätter. Sie möchte einen sumpfig-moorigen Platz im flachen Wasser haben und nicht von anderen Gewächsen bedrängt werden. Daher sollte man darauf achten, dass diese konkurrenzschwache Pflanze nicht überwuchert wird, denn sie ist von hohem Schmuckwert. Am besten ist ein begrenzter Bereich, um unbehelligt Ausläufer in flaches Wasser schicken zu können.

Familie:
Rosengewächse, Rosaceae

 10-30 cm

 VI-VII

 purpurrot

 0-2 cm

 Sonne, Halbschatten

Blutweiderich
Lythrum salicaria

Familie:
Weiderichgewächse,
Lythraceae

 50-180 cm

 VII-IX

 purpurrot

 0-20 cm

 Sonne,
Halbschatten,
Scahtten

Der anspruchslose Blutweiderich ist sehr gut als Hintergrundgewächs geeignet. In Nachbarschaft mit anderen hoch wachsenden Pflanzen wie etwa Mädesüß (*Filipendula ulmaria*), ist er mit seinen hübschen Blütenähren ein anziehender Blickpunkt. Auch einzeln gepflanzt setzt er durch seinen buschigen Wuchs schöne Akzente im Wassergarten. Er ist sehr anspruchslos und selbst kurzzeitige Trockenheit übersteht er ohne Schaden zu nehmen. Allerdings muss berücksichtigt werden, dass er viele Ausläufer bildet.

Brunnenkresse
Nasturtium officinale

Für Bach- und Teichränder ist diese wuchskräftige Pflanze gut geeignet. Mit ihren kriechenden oder aufsteigenden Stängeln verdeckt sie schnell unschöne, kahle Stellen. Sie ist ausdauernd, wintergrün und bildet auch unter Wasser mit ihren grasgrünen, etwas fleischigen Blättern dichte Polster. Gerne wird sie wegen ihres hohen Gehaltes an Mineralstoffen und Vitaminen als Wintergemüse kultiviert. Völlig untergetauchte Pflanzen blühen nicht, ihr weißer Blütenstand zeigt sich nur über Wasser.

Familie:
Kreuzblütengewächse
Brassiaceae

 3-20 cm

 V-IX

 weiß

0-30 cm

Sonne, Halbschatten

Eidechsenschwanz
Hottuynia cordata

Das Besondere an dieser Pflanze sind die herzförmigen Blätter. Einen hohen Schmuckwert besitzt die bunte Form „Chamaeleon". Zum Herbst hin zeigt das Laub eine gelbe und weinrote Fleckung. Vier weiße Hochblätter umgeben die walzenförmige Blüte. Die Pflanze schickt ihre Rhizome gerne in andere Anpflanzungen. Man sollte ihr einen abgegrenzten Raum zuteilen oder ihren Ausbreitungsdrang durch Kübelpflanzung in Grenzen halten. Gründliche Winterabdeckung ist notwendig oder Überwintern im frostfreien Raum.

Familie:
Molchschwanzgewächse,
Saururaceae

 30-80 cm

 VI-VII

 gelbgrün

 0-20 cm

 Sonne, Halbschatten

Fieberklee
Menyanthes trifoliata

Familie:
Fieberkleegewächse, Menyanthaceae

 20-40 cm

 V-VI

 zartrosa

 5-20 cm

 Sonne, Halbschatten

Durch kleeähnliche, dreiteilige Blätter und fiebersenkende Wirkung ist diese Pflanze zu ihrem Namen gekommen. Ihre verzweigten, kriechenden Sprossen biegen sich im Frühjahr aufwärts, entwickeln über der Wasseroberfläche gestielte Blätter und bis zu 40 cm hohe Blütenstände. Ausläufer des Fieberklees wachsen aus der Sumpfzone in das flache Wasser hinein, schwimmen auf der Oberfläche und können dort größere Flächen bedecken. Die Pflanze ist immer bestrebt, möglichst zum freien Wasser hin zu wachsen.

Die Pflanze läßt sich gut vermehren durch Teilung ihrer Rhizome im Frühling. Sie sollte einen gut einsehbaren Platz erhalten, weil ihre Blütenstände sehr apart sind.

Bewimperter Felberich, Broncefelberich
Lysimachia ciliata

Felberich-Arten bringen immer wieder mit ihren gelb blühenden Arten fröhliche Farben in den Wassergarten. Bei *L. ciliata* „Firecracker" wird der Schmuckwert noch erhöht durch sein schönes Laub. Bereits beim Austrieb sind die Blätter fast schwarz und färben sich zum Sommer hin in ein rötliches Braun. In den Blattachseln sitzen sternförmige, hellgelbe Blüten und bilden einen aparten Kontrast zu den Blättern. Die Pflanze wächst aufrecht aus einem Rhizom im feuchten, durchlässigen Boden und ist winterhart.

Familie: Primelgewächse, Primulaceae

80-100 cm

VII-VIII

gelb

0 cm

Sonne, Halbschatten

Froschbiss
Hydrocharis morsus-ranae

Familie:
Froschbissgewächse, Hydrocharitaceae

- Breite 10-15 cm
- VII-VIII
- weiß
- 10-50 cm
- Sonne, Halbschatten

Der Froschbiss ist als guter Wasserklärer eine wertvolle Schwimmblattpflanze. Er gedeiht in jedem, nicht zu kalkhaltigen Wasser. Dort schwimmt er frei und bildet Ausläufer. An diesen entwickeln sich neue Blattrosetten, so dass sich große Bestände entwickeln. Er ist gut zwischen höher wachsenden Sumpfpflanzen aufgehoben, andererseits wird er durch Wasserbewegungen umher getrieben. Der Froschbiss bildet Winterknospen. Diese fallen ab und überwintern im Teichboden bis im Frühjahr neue Pflanzen emporsteigen.

Gemeiner Froschlöffel
Alisma plantago-aquatica

Familie:
Froschlöffelgewächse, Alismaceae

- 40-100 cm
- VI-IX
- weiß, schwach rosa
- 2-30 cm

Froschlöffel wirken gut in Gruppen von mehreren Pflanzen. Ihr Blütenstand – eine hohe reich verzweigte Rispe mit kleinen Blüten – erscheint auf einem dünnen Stiel über löffelartigen Blättern. An die Erde stellt er keine besonderen Ansprüche, er möchte nur genügend Wuchsraum haben. Seine Selbstaussaat kann bei kleinen Teichen lästig werden. Es empfiehlt sich, die Blütenstände nach dem Abblühen zu entfernen.

Verwandte Arten
- *Alisma parviflora*, Rosettenfroschlöffel
- *Alisma lanceolatum*, Lanzettblättriger Froschlöffel

Gauklerblume
Mimulus spp.

Gauklerblumen sind hübsche Dauerblüher für sumpfige und feuchte Standplätze im Wassergarten. Auch seichtes Wasser wird noch vertragen. Für ihren Fortbestand sorgen sie durch Selbstaussaat und bilden schnell üppige Bestände. Sollten Gauklerblumen überhand nehmen, lassen sie sich leicht dezimieren. Andere Arten: Blaue Gauklerblumen (*Mimulus ringens*) stehen auch dauerhaft im flachen Wasser. Eine Blütenfülle bringt die Rote Gauklerblume (*Mimulus cupreus*). Ihre samtartigen Blüten sind flammend rot, aber sehr frostempfindlich.

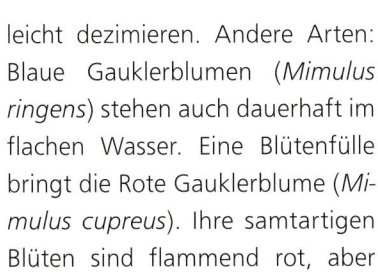

Familie:
Braunwurzgewächse, Scrophulariaceae

- 30-40 cm
- VI-VIII
- gelb, rot, blau
- 0-2 cm
- Sonne, Halbschatten

Gewöhnlicher Gilbweiderich, Goldfelberich
Lysimachia vulgaris

Familie:
Primelgewächse, Primulaceae

- 80-150 cm
- VI-VIII
- gelb
- 0-10 cm
- Sonne, Halbschatten

Als Hintergrundgewächs auf feucht-nassem Boden ist diese stattliche Pflanze gut geeignet. Sie ist dicht beblättert und bildet in den Blattachseln weithin leuchtende, gelbe Blütenrispen. Relativ anspruchslos ist sie im Wassergarten ein Allroundgewächs und besonders gut geeignet, unschöne Stellen zu verdecken. Allerdings bildet diese reichlich und lang blühende Staude Ausläufer, die man eingrenzen sollte durch Pflanzung in einen abgegrenzten Bereich.

Straußblütiger Gilbweiderich
Lysimachia thyrsiflora

Für größere Teichanlagen ist diese Weiderich-Art gut geeignet. Die Pflanze ist nicht empfindlich und verträgt es, ab und zu in höherem Wasser zu stehen. Interessant und sehr schmückend sind ihre in den Blattachseln stehenden, büschelförmigen kleinen Blüten.

Zahlreiche Triebe bilden unterirdische, über 60 cm lange Ausläufer, bedrängen aber Nachbarschaftspflanzen kaum. In Deutschland gehört diese Pflanze leider schon zu den Raritäten. Dieser Gilbweiderich gedeiht besonders gut in moorigem Boden.

Familie: Primelgewächse, Primulaceae

25-60 cm

V-VII

gelb

0-20 cm

Sonne, Halbschatten

Gnadenkraut, Gottesgnadenkraut
Gratiola officinalis

Familie:
Braunwurzgewächse,
Scrophulariaceae

- 20-40 cm
- VI-VIII
- weißrosa
- 2-8 cm
- Sonne

Die Pflanze entwickelt mit ihren verzweigten Stängeln horstartige Bestände und bildet unterirdische Ausläufer. Für Teich- und Bachränder ist sie gut geeignet, besonders auch als Bienenweide. Jedoch ist Vorsicht geboten, denn die früher sehr geschätzte Heilpflanze ist giftig. Sie soll hier aber doch erwähnt werden, da sie auf dem Wasserpflanzenmarkt angeboten wird. Nasser, kalkarmer und humos-torfiger Boden ist gut für diese heimische Wildpflanze geeignet und sie dankt es mit einer langen Blütezeit.

Goldkeule
Orontium aquaticum

Familie:
Aronstabgewächse,
Araceae

- 20-40 cm
- V-VI
- gelb
- 5-50 cm
- Sonne

Die hübsche Goldkeule ist ein Tiefwurzler und benötigt einen nahrhaften Boden. Der Bodengrund sollte mindestens 35 cm betragen. Bei tiefem Wasser schwimmen ihre Rosetten bildenden, samtgrünen Blätter auf der Wasseroberfläche, bei Niedrigwasser stehen sie aufrecht. Sie können eine Länge von 40 cm erreichen. Goldgelbe Blütenkolben sitzen aufrecht an liegenden oder schräg aufstrebenden, am Ende verdickten weißen Stielen. Wenn die Pflanze 30-40 cm tief eingepflanzt ist, benötigt sie keinen Winterschutz.

Kriechender Günsel
Ajuga reptans

In feuchter Humuserde fühlt sich dieser gute Bodendecker im lichten Schatten wohl und bildet weite Ausläufer mit Blattrosetten. Er ist unempfindlich, kaschiert schnell unschöne Stellen am Teichrand und sollte daher, obwohl er keine ausgesprochene Sumpfpflanze ist, erwähnt werden. Geeignet für den Wassergarten ist er jedenfalls, denn er mag keinen trockenen Boden. Er ist sehr wuchsfreudig, lässt sich aber im Zaum halten, indem man seine Ausläufer entfernt. Der Handel bietet schöne Züchtungen an.

Familie:
Lippenblütengewächse, Lamiaceae

- 10-25 cm
- V-VIII
- blau
- 0 cm
- Halbschatten, Schatten

Herzblättriges Hechtkraut
Pontederia cordata

Familie:
Hechtkrautgewächse,
Ponterderiaceae

- 40-80 cm
- VII-IV
- blau, weiß, rosa
- 2-40 cm
- Sonne

Fast den ganzen Sommer über blühend, ist das Hechtkraut eine schöne und dankbare Sumpfpflanze. Es braucht nicht unbedingt Nachbarschaft, sondern ist mit seinen blauen Blütenähren und den herzförmigen Blättern auch in Einzelstellung sehr apart. Gut geeignet als Gefäßpflanze braucht es aber Winterschutz. Im Gartenteich ist dieser nur nötig, wenn die Pflanze im Sumpf oder im sehr flachen Wasser steht. Bei einer Wassertiefe von 30 cm ist kein Winterschutz erforderlich. Das Hechtkraut ist auch weiß und rosa blühend im Handel.

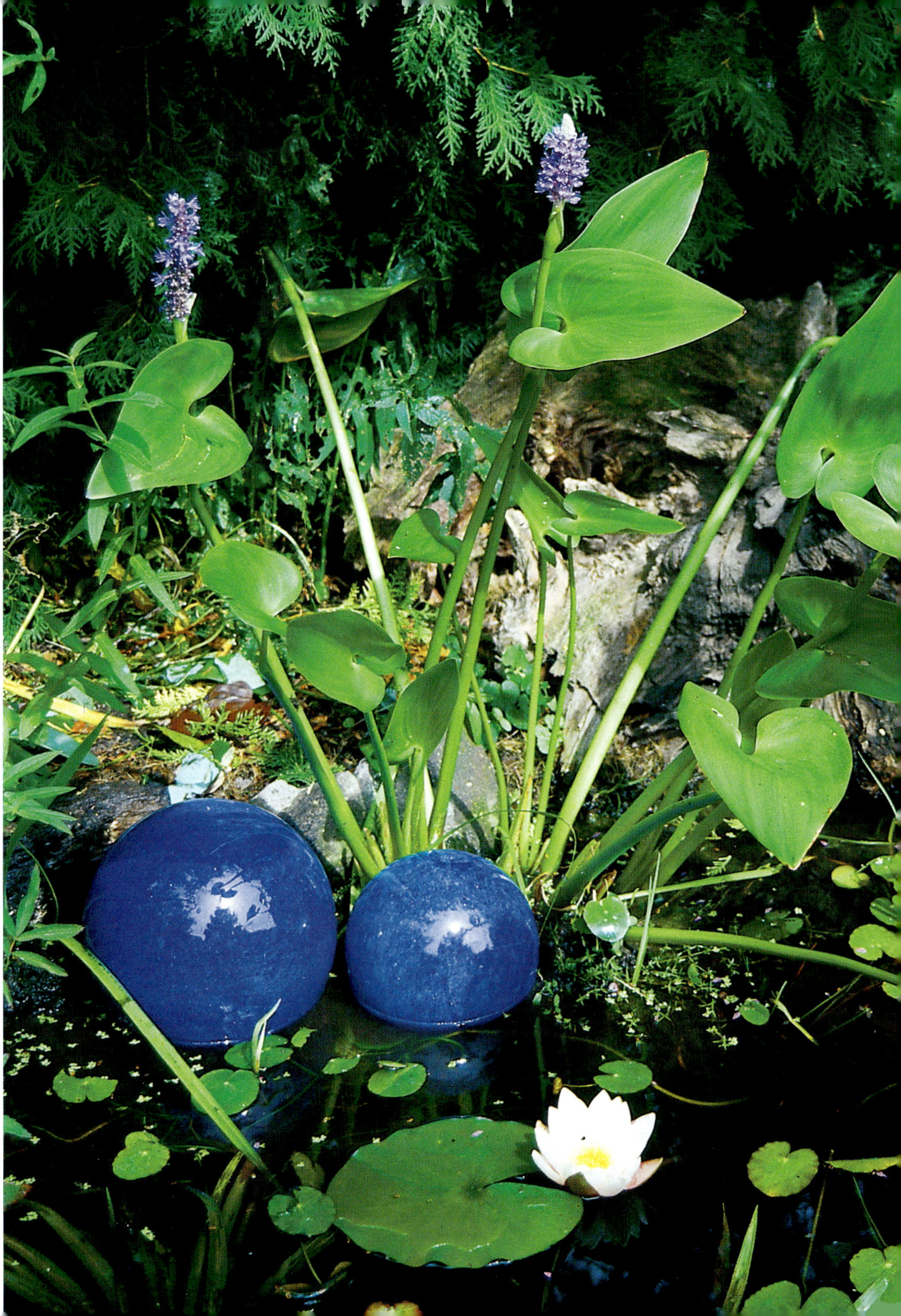

Brennender Hahnenfuß
Ranunculus flammula

Familie:
Hahnenfußgewächse, Ranunculaceae

- 20-50 cm
- VI-X
- gelb
- 0-10 cm
- Sonne, Halbschatten

In der großen Familie der Hahnenfußgewächse gehört er wohl zu den kleineren Arten, denn er wuchert nicht. Der schöne Dauerblüher hat einen hohen Schmuckwert. Seine unzähligen gelben Blütchen bringen Farbe in den Wassergarten. Im nassen, humosen, sandig-lehmigen oder tonigen Boden bildet er lockere Bestände mit wenigen Ausläufern. Daher wird er auch passende Pflanzennachbarn finden, wie etwa Sumpfvergissmeinnicht, Sumpfprimel, Blutweiderich, Gauklerblume und diesen nicht den Platz streitig machen.

Gemeines Hornblatt, Raues Hornblatt, Hornkraut
Ceratophyllum demersum

Aus stachelähnlichen, vielgliedrigen Quirlen bestehen die leicht brechenden Blätter dieser Unterwasserpflanze. Im Herbst sterben die älteren Teile ab und Bruchstücke überwintern auf dem Teichgrund. Bei guten Nahrungsverhältnissen im Teich kann das Hornkraut eine beachtliche Länge erreichen. Die Pflanze trägt viel zur Selbstreinigung des Gartenteiches bei. Nimmt es überhand, werden sich andere Wassergärtner sicher über einige Bruchstücke freuen.

Familie:
Hornblattgewächse, Ceratophyllaceae

Breite 50-300 cm

VII-IX

grün

30-100 cm

Ästiger Igelkolben
Sparganium erectum

Familie:
Igelkolbengewächs, Sparganiaceae

- 60-100 cm
- VII-VIII
- hellgrün
- 0-40 cm
- Sonne, Halbschatten

Stachelig wie kleine Igel sitzen die hellgrünen Früchte in kugeligen Knäueln dicht über- und nebeneinander an verzweigten Ästen.

Hierdurch erfolgt auch die Selbstaussaat dieser wuchsfreudigen Pflanze. Sie verbreitet sich ebenfalls stark durch Ausläufer und man sollte dem Wuchern Einhalt gebieten, indem man sie in getrennte Bereiche oder in Gefäße pflanzt. Der Igelkolben ist eine wertvolle Wildstaude, denn seine Früchte werden als Nahrung von Garten- und Wasservögeln geschätzt.

Ähnliche Art:
- Einfacher Igelkolben, *Sparganium emersum*

Kalmus
Acorus calamus

Die Pflanze ist äußerst wuchskräftig und am besten in einem nahrhaften, humosen Boden für größere Teiche geeignet. Zu empfehlen ist eine Pflanzung in abgegrenzte Bereiche oder in Körben. Der Kalmus bringt gelb-grüne Blütenkolben hervor, bildet aber keine Samen. Er verbreitet sich durch kriechende Wurzelstöcke, welche sich von dem Boden lösen können und an anderen Stellen einwurzeln. Weniger wuchsfreudig und besonders dekorativ durch seine weiß-grün gestreiften Blätter ist *Acorus calamus* „Variegatus"

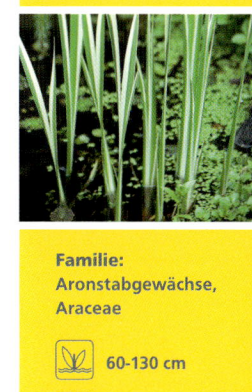

Familie:
Aronstabgewächse, Araceae

60-130 cm

VI-VII

gelb-grün

10-30 cm

Sonne, Halbschatten

Goldgelber Graskalmus
Acorus gramineus „Aureovariegatus"

Dieses kleine, aus Japan stammende Gras, kann im Wassergarten gut verwendet werden zur Auflockerung zwischen buntfarbigen Gewächsen. Gerne sucht sich der kleine Kalmus den Weg bis in das flache Wasser. Ganz winterfest ist diese kleine Schönheit nicht, daher ist ein guter Winterschutz notwendig, besser noch eine Überwinterung in einem hellen Raum bei 5-10 °C. Bei Überwinterung im Freien ist eine gute Abdeckung notwendig, andernfalls braucht die Pflanze im folgenden Frühjahr längere Zeit für das Austreiben.

Familie:
Aronstabgewächse, Araceae

20-40 cm

VII-IX

grün

0-5 cm

Sonne, Halbschatten

Karolina-Moosfarn, Feenmoos
Azolla caroliniana

Familie:
Moosfarngewächse,
Acollaceae

- Breite 2-3 cm
- 1-30 cm
- Sonne, Halbschatten

Diese zierliche, subtropische Schwimmpflanze ist gut geeignet für einen sonnigen, ruhigen Platz in der Flachwasserzone, denn sie schickt ihre Würzelchen bis in den feuchten Schlamm. Schnell breitet sie sich bei warmer Witterung aus und bedeckt große Flächen. Damit sie den Lebensraum anderer Wasserpflanzen nicht bedrängt, muss man den dichten Bewuchs durch Abfischen in Grenzen halten. Kein Grund zur Sorge ist die im Sommer rötliche Färbung der sonst blaugrünen Blätter.

Andere Art:
- *Azolla filiculoides*, Großer Algenfarn

Vierblättriger Kleefarn
Marsilea quadrifolia

Familie:
Kleefarngewächse,
Marsileaceae

- 10-25 cm
- VI-IX
- 0-20 cm
- Sonne, Halbschatten

Von der früher in Deutschland wachsenden hübschen Pflanze gibt es kaum noch Vorkommen. Nachzuchten für den Wassergarten sind im Handel. Diese sind im Flachwasser, Sumpf oder Moorbeet am richtigen Platz. Sie verbreiten sich durch kriechende, dünne Rhizome. Die Blätter bestehen aus zwei gegenständigen, dicht an einander stehenden Blattpaaren. Sie liegen auf der Wasseroberfläche oder steigen bei Flachwasser in die Höhe. In Schlafstellung klappen nachts jeweils zwei Blattpaare zusammen. Es empfiehlt sich Laubschutz bei Frost.

Krebsschere, Wasseraloe
Stratiotes aloides

Sie ist ein empfindliches Gewächs und reagiert auf Wasserverunreinigungen ebenso wie auf Umsetzen in andere Bereiche. Ist man unvorsichtig in der Handhabung, brechen schnell ihre schwertförmigen Blätter, und es bleibt nur noch ein trauriges Pflanzenbündel übrig. Den Winter überdauern die Pflanzen auf dem Bodengrund bis zum Frühjahr, um später aufzusteigen und Blätter sowie große weiße Blüten über die Wasseroberfläche zu schieben. Kleine Tochterrosetten bilden sich an der Mutterpflanze und ein neuer Kreislauf beginnt.

Familie:
Froschbissgewächse, Hydrocharitaceae

- 15-40 cm
- V-VII
- weiß
- 20-100 cm
- Sonne, Halbschatten

Kuckucks-Lichtnelke
Silene flos-cuculi,
Syn. *Lychnis flos-cuculi*

Kuckuckslichtnelken sind wegen ihrer zarten Blüten und als Insektenweide eine Bereicherung für jeden Wassergarten. Außer ihrem hohen Schmuckwert sind die horstig aufrechten Stauden gute Nachbarn für andere Pflanzen, denn sie machen ihnen den Platz nicht streitig. Die Stauden brauchen einen nassen oder wechselfeuchten Standort. Mit ihren dunklen Samenkörnchen sorgen sie weitläufig für Verbreitung. Für kleine Sumpfgärten ist *S. flos-cuculi* „Nana" gut geeignet. *L. flos-cuculi* „Alba" ist eine weiß blühende Sorte.

Familie:
Nelkengewächse, Carophyllaceae

- 30-80 cm
- III-V
- rosa
- 0-2 cm
- Sonne, Halbschatten

Kardinalslobelie
Lobelia cardinalis

Familie:
Glockenblumengewächse, Campanulaceae

- 80-100 cm
- VII-IX
- rot
- 1-8 cm
- Sonne

Erst im späten Sommer erscheinen die dekorativen, leuchtend roten Blüten dieser schmückenden Sumpfpflanze. Es gibt grün- und rotblättrige Formen der Blätter. Sie ist zwar auch als Zierstaude für den Garten bekannt, gedeiht aber besser im feuchten bis nassen Milieu am Bach- und Teichrand. Die beste Wirkung bringt sie als Solitärstaude. Winterhart ist sie nicht, daher ist eine gute Laubabdeckung notwendig. Möglich ist auch eine feuchte Überwinterung des Rhizoms in einem kühlen, hellen Raum.

Blaue Lobelie
Lobelia siphilitica

Sie ist im Gegensatz zur eng verwandten Roten Lobelie (*Lobelia cardinalis*) weniger frostempfindlich und braucht nur in sehr rauen Lagen Winterschutz. Auch sie blüht im späten Sommer und zeigt je nach Witterung ihre hellblauen Blüten bis in den Oktober hinein. Unter dem Namen „Blaue Lobelie" werden in Gärtnereien auch dunkler blühende Formen derselben Art mit ähnlichen Standortbedingungen angeboten wie etwa *Lobelia* x *Gerardii*, eine Hybride zwischen *L. cardinalis* und *L. Siphilitica*.

Familie:
Glockenblumengewächse, Campanulaceae

- 60-90 cm
- VII-X
- hellblau
- 0-5 cm
- Sonne

Mädesüß
Filipendula ulmaria

Familie:
Rosengewächse, Rosaceae

- 50-200 cm
- VI-VIII
- gelblichweiß
- 0-3 cm
- Sonne, Halbschatten

Eine sehr dekorative Staude, die sich hervorragend zur Gruppenpflanzung am Gewässerrand eignet. Eine schöne Wirkung zeigen ihre weißlichen Blüten zusammen mit Blutweiderich (*Lythrum salicaria*), da sie ähnliche Standortbedingungen haben. Beide sind sehr lichthungrig, nehmen aber auch noch mit Halbschatten vorlieb. Das Mädesüß ist sehr anziehend für Insekten, denn der Pflanze entströmt ein süßlicher, nach Mandeln duftender Geruch. Für den Wassergarten geeignete rot blühende Arten sind *F. pupurea* und *F. rubra*.

Foto: Harro Hieronimus

Molchschwanz
Saururus cernuus

Duftende Blüten und frischgrüne Blätter zeichnen diese Sumpfstaude aus. Nicht von ungefähr ist diese Staude zu ihrem Namen gekommen.

Die walzenförmigen, etwa 20 cm langen Ähren wachsen vorerst aufrecht und biegen sich später nach unten. Von einem im Boden kriechenden Rhizom bildet sich bald ein stattlicher Horst. Durch ihre Wuchsfreudigkeit kann sie andere Gewächse bedrängen, daher sollte man ihre Ausdehnung in Grenzen halten. Als Winterschutz braucht die Pflanze eine Laubabdeckung von mindestens 30 cm.

Familie:
Molchschwanzgewächse, Saururuceae

- 60-100 cm
- VII-VIII
- weißlich
- 0-20 cm
- Sonne, Halbschatten

Gefülltblütiges Pfeilkraut
Sagittaria sagittifolia „Flore Plenum"

Diese Pfeilkraut-Art ist in kleinen Gruppen gepflanzt am Gartenteichrand und an Bachläufen ein schöner Blickfang. Besonders die pfeilförmigen Blätter bringen hier die schmückende Wirkung wie auch die großen, weißen Blütenblätter mit braunrotem Grundfleck. Als Solitärstaude ist das Pfeilkraut für kleine Becken gut geeignet. Es liebt Wärme und schickt gerne in sandig-schlammige Böden seine Ausläufer an deren Enden im Spätsommer Überwinterungsknollen entstehen.

Ähnlich:
- Breitblättriges Pfeilkraut, *Sagittaria latifolia*

Familie:
Froschlöffelgewächse, Alismataceae

- 30-100 cm
- VI-VIII
- weiß
- 5-50 cm
- Sonne, Halbschatten

Pfennigkraut
Lysmachia nummularia

Familie:
Primelgewächse,
Primulaceae

- 1-2 cm
- V-VII
- gelb
- 0-1 cm
- Sonne, Halbschatten

Dieses kleine Gewächs ist wohl einer der besten Bodendecker im Wassergarten. Schnell werden unschöne Stellen verdeckt und Lücken geschlossen. Flach auf dem Boden aufliegend bildet das Pfennigkraut grüne Matten, und während der Blütezeit schmückt es mit einem goldgelben Blütenflor. Es nimmt so leicht nichts übel. Stecklinge wachsen munter an. Große Trockenheit verträgt es nicht, und man sollte daher immer für eine gewisse Feuchtigkeit sorgen. *L. Nummularia* „Aurea" besitzt goldgelbe Laubblätter.

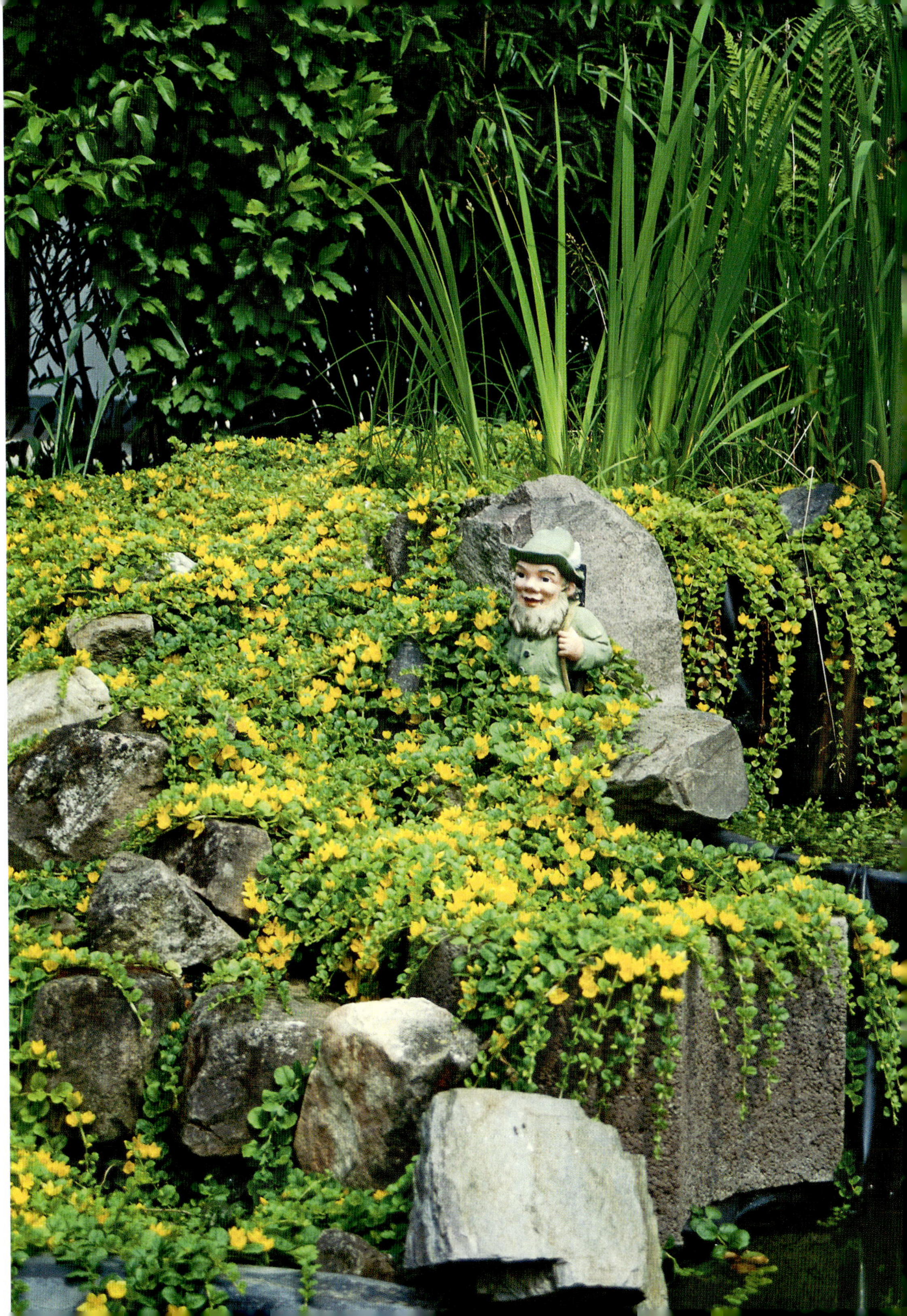

Purpur-Wasserdost
Eupatorium purpureum

Familie:
Korbblütengewächse, Asteraceae

100-200 cm

VII-IX

Rottöne

0 cm

Sonne, Halbschatten

Eine wüchsige, aufrecht horstige Uferstaude, die nicht nur als Bienenweide willkommen ist, sondern sich auch gut als Schnittblume eignet. Die rosafarbenen oder karminroten Dolden sind zur Blütezeit ein weithin leuchtender Blickfang. Feste, etwa 200 cm hohe rotbraune Stängel tragen mattgrüne bis zu 20 cm lange gestielte Blätter.

Bei Nässe und starkem Wind kann ein Aufbinden der Pflanze nötig werden. Ein Standplatz unter Bäumen ist nicht gut geeignet, wohl aber feuchte Freiflächen am Gewässerrand.

Rosenprimel
Primula rosea

Im Frühjahrsflor des Wassergartens sollten Primeln nicht fehlen. Viele Arten sind an Feuchtigkeit gebunden und finden daher an Teichen und Bächen ideale Lebensbedingungen. Besonders Rosenprimeln schätzen einen höheren Feuchtigkeitsgehalt. Bei nassem oder feuchtem Stand im Sumpf- und Moorbeet sind sie sehr ausdauernd. Vor der Blattbildung in Form einer Rosette erscheint der Blütenschaft mit einer vielblütigen Doldentraube. Gemeisam mit Sumpfdotterblumen (*Caltha palustris*) ergibt sich eine harmonische Pflanzengemeinschaft.

Familie:
Primelgewächse, Primulaceae

10-30 cm

III-IV

karminrot

0 cm

Sonne, Halbschatten

Etagenprimel
Primula beesiana

Familie:
Primelgewächse,
Primulaceae

25-60 cm

V-VII

lilapurpur, rosa, rosakarmin

0-2 cm

Sonne, Halbschatten

Als Etagenprimeln bezeichnet man jene Arten, deren röhrenförmigen Blüten mit ausgebreitetem Kelch in Etagen übereinander stehen. Auf frischfeuchtem Boden fühlen sich diese schönen Primeln wohl, einige können aber auch für kurze Zeit im flachen Wasser stehen. Sie sind daher am Gartenteich gut für den Übergang von der bodenfeuchten Randzone zur Sumpfzone bis in die Flachwasserzone geeignet.

Aus einer Kreuzung von *P. beesiana* x *P. Bulleyana* ist die Hybride *P. bullesiana* – auch Terrakotta-Primel genannt – entstanden.

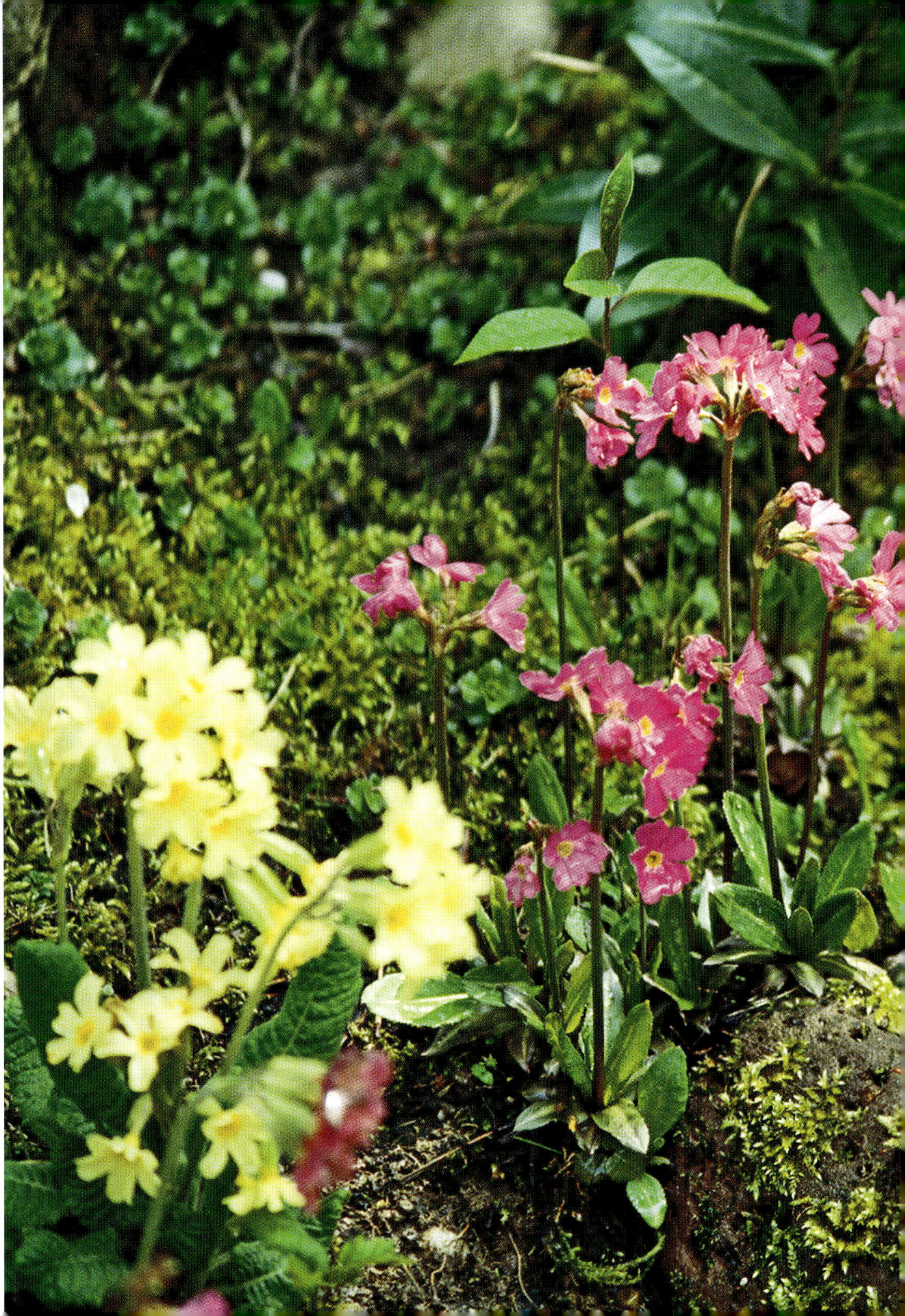

Kugelprimel
Primula denticulata

Familie:
Primelgewächse,
Primulaceae

30–40 cm

III–VI

zartlila, weiß, rot

0 cm

Halbschatten

Kugelprimeln gedeihen gut im lichten Schatten an einem feuchten, nicht nassen Standort. Sie gehören wohl zu den bekanntesten Frühjahrsblühern. Noch bevor sich die Blattrosette bildet, entwickelt sich der Blütenschaft. Ihr Name bezieht sich auf die kugelige, in der reinen Art schwach lila gefärbte Blütendolde. In der Kulturform gibt es unter anderen weiße, lila und karminrote Farben. In raueren Gegenden sollten die Pflanzen einen Winterschutz aus Fichtenreisig haben. Laub ist wegen Fäulnis nicht geeignet.

Breitblättriger Rohrkolben
Typha latifolia

Dieses imposante Gewächs ist am besten in großen Wasseranlagen aufgehoben. In Gartenteichen muss man die Wuchsfreudigkeit durch Korbpflanzung etwas einschränken oder ihn in abgetrennte Zonen setzen. Hin und wieder sollten seine Ausläufer abgetrennt oder die Pflanze im zeitigen Frühjahr geteilt werden. Vorsicht ist angesagt bei Folienteichen, denn die scharfen Rhizomspitzen könnten die Folie durchstoßen. Schön sind die Fruchtstände meist bis in den Winter hinein.

Andere Art:
- Schmalblättriger Rohrkolben, *Typha angustifolia*

Familie:
Typhae, Rohrkolbengewächse

- 150-200 cm
- VII-VIII
- schwarzbraun
- 2-40 cm
- Sonne

Foto: SXC

Schachbrettblume, Schachblume, Kiebitzei
Fritillaria meleagris

Familie:
Liliengewächse,
Liliaceae

20-40 cm

IV-V

weißpurpur, rotviolett, weiß

0 cm

Sonne

Auf einer feuchten Wiese oder am Sumpfrand im Wassergarten sind die nickenden Glockenblüten dieser horstigen Zwiebelpflanze ein schöner Frühlingsgruß. Ihren Namen erhielt die Pflanze durch ihre Blüten mit deutlich erkennbarem Schachbrettmuster. Die Zwiebeln sollten in Gruppen in einen frisch-feuchten, humosen Boden gelegt werden. Um groß und kräftig zu werden, möchte die Pflanze jahrelang am selben Platz stehen. Sie zieht sich nach der Samenreife ein. Schöne Sorten in verschiedenen Farben sind im Handel.

Sumpfschwertlilie, *Iris pseudacorus*

Man könnte die deutschen Bezeichnungen noch weiter ausdehnen, doch fast jeder weiß, welche Pflanze damit gemeint ist. Sie wächst in Verlandungszonen, an Ufern und Gräben. Dort bevorzugt sie einen Platz im flachen Wasser mit nährstoffreichem Boden. Im Wassergarten pflanzt man sie in Gruppen, setzt ihrer Ausbreitung aber Grenzen, indem man die Samenstände abschneidet bevor sie reif sind. Es gibt Hybriden, die etwas weniger wüchsig und für kleinere Teiche geeignet sind. Die Sorte „Variegata" hat grün-gelb gestreifte Blätter.

Andere Namen:
- Wasser-Schwertlilie, Gelbe Schwertlilie, Wasserlilie, Gelbe Iris, Sumpfiris

Familie: Schwertliliengewächse, Iridaceae

- 60-80 cm
- V-VI
- gelb
- 0-20 cm
- Sonne, Halbschatten

Samenkapsel der Sumpfschwertlilie

Amerikanische Sumpfschwertlilie, Verschiedenfarbige Schwertlilie
Iris versicolor

Familie:
Schwertliliengewächse, Iridaceae

50-70 cm

VI-VII

violett bis purpurrot

0-15 cm

Sonne

Mit ihren prachtvollen Blüten ist sie eine der schönsten Iris-Arten. Ihre Farbe variiert in verschiedenen Violett-Tönungen. Lilarote und helle, lilarosa Blüten stehen über dem frischgrünen Laub dieser sehr beliebten Gartenpflanze. Inzwischen werden etliche verschiedene Sorten angeboten mit den schönsten Blütenfärbungen.

Iris versicolor gehört zu jenen Sumpfschwertlilien, die dauerhaft nasse Füße vertragen, aber auch noch an trockeneren Plätzen gedeihen, dort jedoch etwas niedriger bleiben als *Iris pseudacorus*.

Japanische Sumpfschwertlilie
Iris ensata, Syn. *Iris kaemperi*

Einen Durchmesser bis zu 25 cm haben die prächtigen Blüten dieser in vielen Kultursorten gezüchteten Schwertlilie. Das kräftige Rhizom treibt schmale Blätter und Stängel, meist mit einem Seitenzweig und 2-3 Blüten, wobei oft verschiedene Farbtöne vorkommen. Einige Zuchtformen haben gefüllte Blüten. Die Pflanze braucht frisch-feuchte, saure Böden, verträgt aber keinen tiefen Wasserstand oder ständig stauende Nässe. Ihre Blätter ziehen im Winter ein. Günstig ist eine feuchte Wiese am Teichrand.

Fotos: C. Gering

Familie: Schwertliliengewächse, Iridaceae

- 60-100 cm
- VI-VII
- violett, lila, rosa, weiß
- 0 cm
- Sonne

Sibirische Schwertlilie, Wiesen-Schwertlilie
Iris sibirica

Leider ist diese Schwertlilie in der Natur in letzter Zeit durch intensive Nutzungen ihrer Standorte sehr zurückgegangen. Gemeinsam mit der Gelben Schwertlilie, *Iris pseudacorus*, bedeckte sie viele feuchte Wiesen. Sie bildet viele zierliche, violettblaue Blüten. Selbst ihre Laubhorste sind eine Zierde. Im Wassergarten findet sie ihren Platz im Randbereich von Bach und Teich auf feuchtem, schlammig-tonigem Boden. Dauerhaft im Wasser stehen mag sie nicht. Es wurden viele Sorten und Farben gezüchtet.

Familie: Schwertliliengewächse, Iridaceae

- 40-100 cm
- V-VI
- violettblau
- 0-2 cm
- Sonne

Amerikanische Scheincalla
Lysichiton americanus

Familie:
Aronstabgewächse, Araceae

- 40-50 cm
- IV-V
- gelb
- 0-5 cm
- Sonne, Halbschatten

Die Blüte dieser dekorativen Pflanze erscheint schon im April vor den dunkelgrünen Blättern. Auf dem 30 cm hohen Blütenschaft sitzt eine intensiv gelbe, länglich-muschelförmige Blüte mit gelbgrünem Kolben. Ein Platz im lichten Schatten mit genügend Fläche zum Ausbreiten ihres rhizomartigen Wurzelstocks ist günstig und es bilden sich bald große Bestände. Die Pflanze gedeiht auch noch an sonnigen Stellen. Hier ist Ostsonne günstiger als Südsonne, denn diese pralle Sonne kann zu Blattschäden führen.

Weiße Scheincalla, Asiatische Scheincalla
Lysichiton camtschatcensis

Wie der Name schon sagt, sind die Halbinsel Kamtschatka, aber auch andere Teile Sibiriens und Japan die Heimat dieser Rhizom bildenden Sumpfpflanze. Bevor das erste Laub erscheint, entwickelt sich ein etwa 20 cm langer grüner Kolben mit einem schneeweißen, oben spitz auslaufenden Hochblatt. Nicht nur die Blüten, sondern auch die umfangreiche Blattrosette sind von hohem Schmuckwert. Der beste Platz für diesen ansprechenden Frühlingsblüher ist am Teich- und Bachrand im schweren, humusreichen Boden.

Familie: Aronstabgewächse, Araceae

40-50 cm

IV-V

weiß

0-10 cm

Halbschatten

Foto: Wikimedia

Scheinzypergras-Segge
Carex pseudocyperus

Familie:
Riedgrasgewächse,
Cyperaceae

- 50-90 cm
- VI-VII
- gelbgrün
- 0-5 cm
- Sonne, Halbschatten

In der großen Familie der Gräser ist diese Segge eines der schönsten und attraktivsten Gräser. Sie ist in der Teichlandschaft universell einsetzbar, denn sie ist wenig empfindlich. Als Wärme liebende Pflanze sollte man ihr einen sonnigen Platz zugestehen. Dort braucht sie einen staunassen, torfig oder tonigen Boden, welcher auch zeitweise überschwemmt sein darf. Die Pflanze wächst horstig und bildet keine Ausläufer. Von hohem Schmuckwert sind die in Büscheln überhängenden 3-6 cm langen weiblichen Ähren.

Schilf
Phragmites australis, Syn. Phragmites communis

Familie:
Süßgrasgewächse,
Poaceae

- 100-400 cm
- VII-IX
- bräunlich
- 1-30 cm
- Sonne

Schilf ist ein guter Wasserreiniger und wird daher auch in Kläranlagen verwendet. Geeignet ist es nur für sehr große Teichanlagen, denn neben dem Schilf können sich nur wenige Gewächse behaupten. Für Folienteiche kommt es nicht infrage, denn starke Rhizome könnten die Folie durchstoßen. Der Schmuckwert des Schilfs besteht aus seiner stattlichen Erscheinung und den überhängenden Blütenrispen. Von schwächerem Wuchs und mit gelb-grün längs gestreiften Blättern ist die Sorte „Variegatus".

Seekanne
Nymphoides peltata

Die hübsche Seekanne passt sich sehr gut den verschiedensten Wassertiefen an. Sie schickt auch noch aus 100 cm Tiefe ihre seerosenähnlichen Blätter an die Wasseroberfläche. Sehr kalkhaltigen Boden liebt sie nicht, wenn ihr jedoch der Platz zusagt, breitet sich bald eine Blütenfülle über das Wasser aus. Auf kleinen Stielen sitzen trichterförmige, gelbe Blüten mit gezackten Rändern. Die Seekanne bildet meterlange, schwimmende oder kriechende Ausläufer und ein Auslichten kann je nach Teichgröße notwendig werden.

Familie:
Fieberkleegewächse, Menyanthaceae

- Blüte 10-15 cm
- VI-IX
- goldgelb
- 20-100 cm
- Sonne

Sumpfdotterblume
Caltha palustris

Familie:
Hahnenfußgewächse, Ranunculaceae

- 20-40 cm
- III-IV
- gelb
- 2-10 cm
- Sonne

Sumpfdotterblumen läuten den Frühling ein. Zwischen glänzend grünen Blättern strecken sie ihre leuchtend gelben Blüten der Sonne entgegen. Sie verschönern Bach- und Teichränder und sollten in keinem Wassergarten fehlen. Allerdings enthalten Blätter und Blüten toxische Stoffe, so dass man Kleinkinder und Haustiere fernhalten sollte. Gefüllte Blütenköpfchen zeigt *Caltha palustris* „Multiplex", Syn. *Caltha palustris* „Flore Pleno". Langsamer wachsend und weißblühend ist *Caltha palustris* „Alba" aus dem Himalayagebiet.

Caltha palustris „Multiplex"

rechts:
Caltha palustris

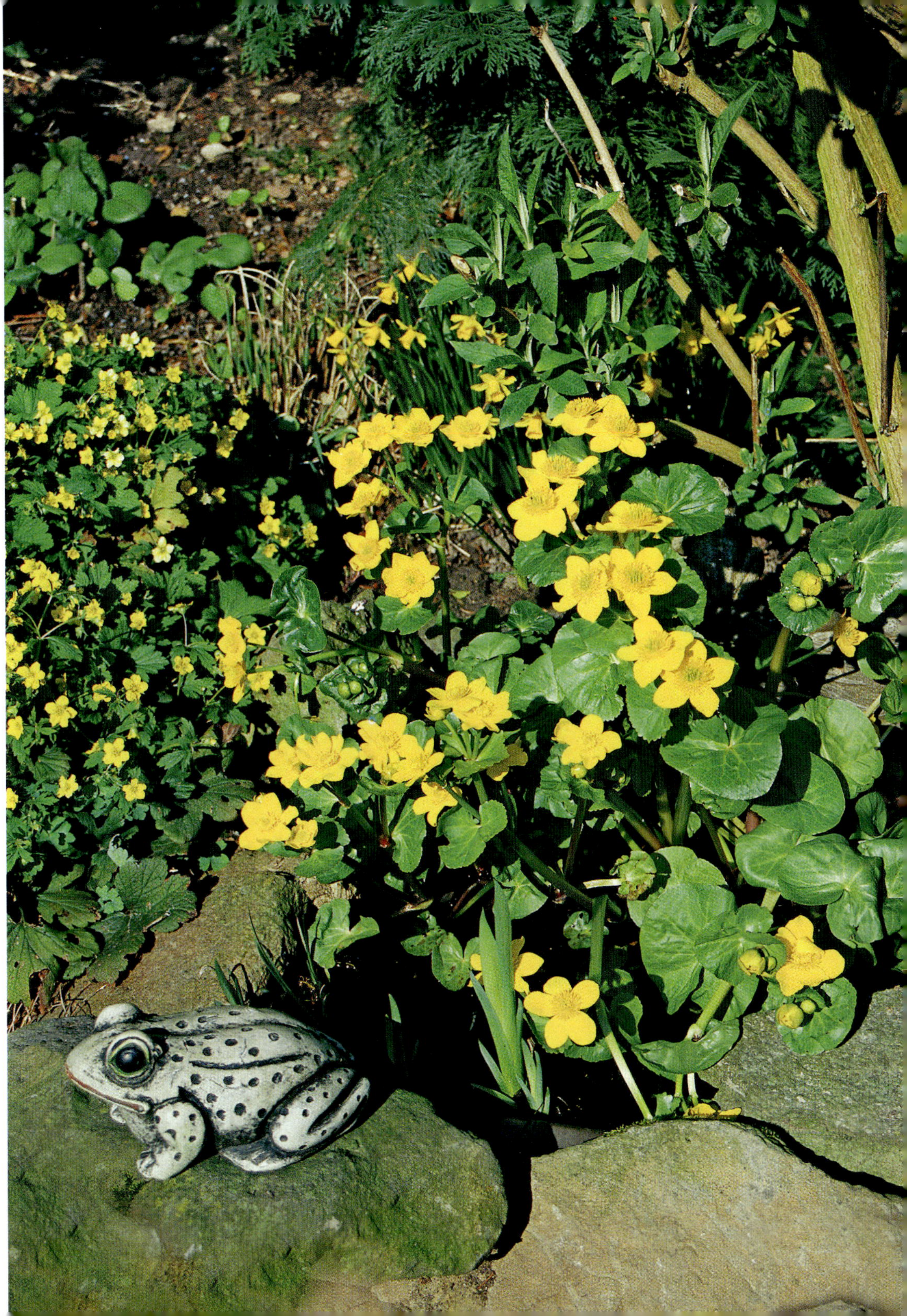

Sumpffarn
Thelypteris palustris,
Syn. *Thelypteris thelipteroides*

Familie:
Sumpffarngewächse, Thelipteridaceae

30-60 cm

grün

20 cm

Sonne, Halbschatten, Schatten

Dunkelgrüne, hübsch gefiederte Wedel entspringen nebeneinander aus einem kriechenden Rhizom. Bei humoser Erde ist der dekorative Sumpffarn im Wassergarten vielfältig einsetzbar. Er ist gut geeignet als Schattenpflanze zur Bodenbegrünung im Sumpfteil des Wassergartens wie auch in einem Moorbeet, denn er breitet sich mit Hilfe unterirdischer Ausläufer rasch aus. Steht er im Wasser, verträgt er auch volle Sonne. In Kombination mit bunt blühenden Sumpfpflanzen entstehen wirkungsvolle Pflanzengesellschaften.

Foto: SXC

Sumpfgladiole, Sumpfsiegwurz
Gladiolus palustris

Nur noch selten ist diese schöne Pflanze in freier Natur zu finden. Sie steht unter Naturschutz. Im Fachhandel werden ihre Zwiebeln aber noch angeboten. Was den Wasserstand betrifft, ist sie sehr anpassungsfähig. Als eine Pflanze der feuchten Wiesen verträgt sie auch eine kurze Trockenheit, sofern der Untergrund stets feucht ist. Man kann dieses elegante Kleinod auch in Trögen kultivieren. Am besten legt man die Zwiebeln gruppenweise aus. Sie ziehen im Herbst ein, sind winterhart und blühen im nächsten Sommer wieder.

Familie:
Schwertliliengewächse, Iridaceae

- 30-50 cm
- VI-VIII
- tief weinrot
- 0 cm
- Sonne

Sumpf-Herzblatt
Parnassia palustris

Familie:
Herzblattgewächse,
Parnassiaceae

- 10-30 cm
- VII-IX
- weiß
- 0 cm
- Sonne

Zu ihrem Namen gekommen ist die kleine, horstig aufrechte Pflanze durch ihre lang gestielten, herzförmigen Blätter. Die Blüten sind weiß, selten rosa überlaufen. An ihrem Standort stellt das Sumpf-Herzblatt keine großen Ansprüche. Nur moorig, feuchtnass und etwas kalkhaltig sollte der Boden sein. Dauernässe verträgt die Pflanze nicht. Die zierliche, jedoch ausdauernde Pflanze braucht einen ungestörten, konkurrenzlosen Lebensraum. Eine ähnliche Art ist *P. fimbriata* mit gefransten weißen Blüten.

Sumpfhibiskus, Sumpfeibisch
Hibiscus moscheutos , ssp. Hibiscus palustris,

Familie:
Malvengewächse,
Malvaceae

- 80-180 cm
- VII-IX
- rot, rosa, weiß
- 0-10 cm
- Sonne

Der Schmuckwert dieser stattlichen Pflanze sind die handtellergroßen Blüten und ihre Blätter mit der schönen Herbstfärbung. Die Pflanze ist für die Sumpfzone geeignet, denn sie braucht mindestens feuchten bis nassen, leicht sauren Boden. Auch verträgt sie es, wenn ihre Wurzeln vollkommen mit Wasser bedeckt sind. Im warmen Klimabereich ist sie winterfest, ansonsten muss man eine Laubdecke aufbringen. Im Wassergarten braucht sie im Sommer einen sonnigen Platz, denn ihre Knospen faulen leicht.

Fotos: A. Gutjahr

Sumpfkalla, Schlangenwurz
Calla palustris

Sie ist eine Schönheit, aber nicht ganz ungefährlich. In allen Pflanzenteilen giftig, sollte man bei Kleinkindern und Haustieren vorsichtig sein. Besonders die roten Fruchtkolben im Spätsommer sind verlockend. Die Sumpfkalla ist ein Gewächs der Uferzone in moorigem, torfhaltigem Boden. Ihre Rhizome jedoch wachsen in das freie Wasser hinein. Reizvoll ist die Pflanze besonders durch ihre rundlich-herzförmigen Blätter und das weiße, den grünlichen Blütenkolben umhüllende Hochblatt.

Familie:
Aronstabgewächse, Araceae

15-20 cm

V-VII

weiß

0-20 cm

Sonne

Sumpf-Vergissmeinnicht
Myosotis scorpioides, Syn. *Myosotis palustris*

Familie:
Borretschgewächse, Boraginaceae

20-40 cm

V-IX

blau, weiß, hellrosa

0-5 cm

Sonne, Halbschatten

Diese hübsche, Kissen bildende Staude erobert kriechend Sumpf- und Wasserflächen. Sie ähnelt mit ihren himmelblauen, gelbäugigen Blüten dem Garten-Vergissmeinnicht. Sehr blühwillig und wuchsfreudig bedeckt sie nicht nur Sumpfbeete und seichte Wasserstellen, sondern sucht sich auch einen Weg zwischen Binsen und Schilf. *M. scorpioides* „Alba" ist eine weiß blühende Sorte. Eine verwandte Art, das Zwerg-Sumpfvergissmeinnicht *M. rehsteineri* (Bodensee-Vergissmeinnicht) ist eine Rarität, aber in Wasserpflanzen-Gärtnereien noch erhältlich.

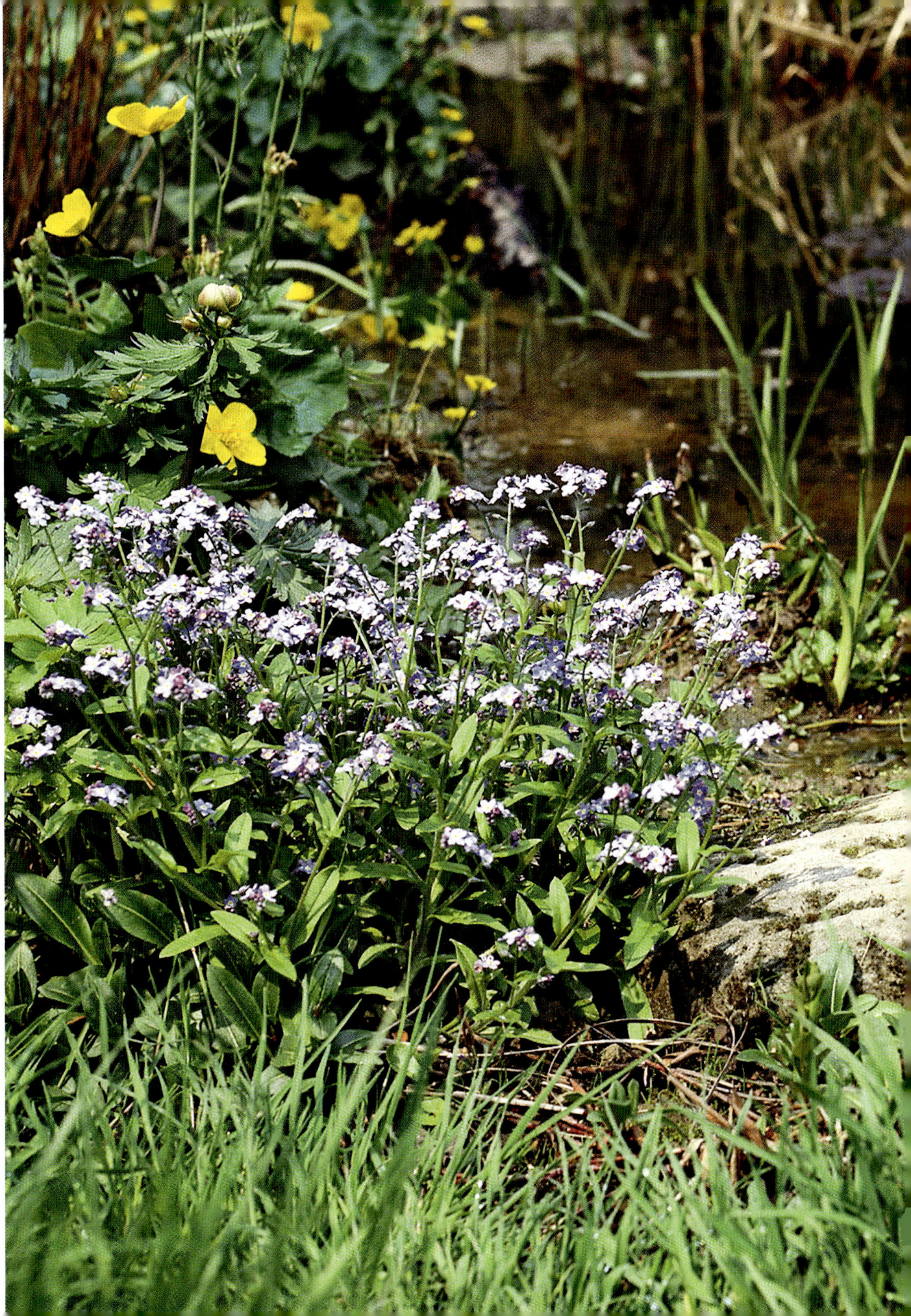

Sumpf-Wolfsmilch
Euphorbia palustris

Familie:
Wolfsmilchgewächse, Euphorbiaceae

- 80-120 cm
- V-VII
- grünlichgelb
- 0-10 cm
- Sonne, Halbschatten

Die Pflanze ist eine Bereicherung für jeden Wassergarten. Ihre grünlichgelben, doldenartigen Blüten und eine wunderschöne Herbstfärbung machen den Schmuckwert der Sumpf-Wolfsmilch aus. Dann nämlich verfärben sich ihre Stängel in ein helles Purpurrot und die lebhaft grüne Farbe der Blätter verändert sich zu einem kräftigen Rot. Die buschige Pflanze wirkt am besten in Einzelstellung am Teichrand oder im Flachwasserbereich. Vorsicht beim Umgang mit der Pflanze wegen des austretenden ätzenden Milchsaftes ist geboten.

Tannenwedel
Hippurus vulgaris

Familie:
Tannenwedelgewächse, Hipuridaceae

- 10-40 cm
- VI-VIII
- grünlich
- 10-30 cm
- Sonne, Halbschatten

Auf diese interessante Pflanze sollte der Wassergärtner keinesfalls verzichten. Hat sich der Tannenwedel etwas ausgebreitet, wirkt er wie ein kleiner Tannenwald. Unter Wasser Ausläufer bildend, schickt er seine kleinen „Tannenbäumchen" über die Wasseroberfläche. Oft bleibt er im Winter unter Wasser grün und ist daher auch Sauerstoff spendend für Wassertiere. Gegen seine starke Wuchsfreudigkeit sollte er in abgegrenzte Bereiche oder in Kübel gepflanzt werden. Er bildet eine Wasser- und Sumpfform.

Brasilianisches Tausendblatt, Papageienfeder
Myriophyllum aquaticum, Syn. *Myriophyllum brasiliense*

Diese Unterwasserpflanze mit ihren 40-150 cm langen Stängeln, welche sich unter Wasser entwickeln und später über die Wasseroberfläche hinaus wachsen, hat einen hohen Schmuckwert. Ihre fein gefiederten Blätter wirken besonders apart, wenn sie sich in Balkonteichen oder anderen kleinen Gefäßen einen Weg über den Rand suchen. Dieses hübsche, subtropische Gewächs möchte warmes Wasser haben, stellt aber an den Boden keine Ansprüche. Überwinterung ist in einem Aquarium an einem hellen Platz möglich.

Familie: Seebeerengewächse, Haloragaceae

- 10-15 cm
- VII-VIII
- gelblich
- 5-30 cm
- Sonne

Gelbe Teichrose, Mummel
Nuphar lutea

Familie:
Seerosengewächse, Nyphaeaceae

Breite 1-5 m

VI-IX

gelb

50-200 cm

Sonne, Halbschatten

Diese hübsche Schwimmblattpflanze wird auch wegen ihrer kronenförmigen, bis zu 5 cm großen Blüte mit der Bezeichnung „Goldkrönchen" bedacht. Sie ist ein guter Wasserklärer, aber nicht für kleine Teiche geeignet, denn mindestens einen Meter tief sollte sie schon eingepflanzt werden. Jede Pflanze benötigt mindestens 2 m^2 für ein gutes Wachstum. Für beschattete Teiche sind Gelbe Teichrosen gut geeignet, denn im Gegensatz zu Seerosen, schicken sie auch dort noch willig ihre Blüten zur Wasseroberfläche.

Beide *Nuphar*-Arten entwickeln hellgrüne, am Rand gewellte Unterwasserblätter. Diese sind wintergrün und dürfen nicht entfernt werden, sie sorgen für Sauerstoff.

Kleine Teichrose, Zwergteichrose, Mummel
Nuphar pumila

Diese Schwimmblattpflanze ist im Gegensatz zur Gelben Teichrose (*Nuphar lutea*) – die viel Platz für sich behauptet – besser geeignet für kleinere Teichanlagen. Aber auch sie ist ein guter Wasserklärer und sehr schmückend mit ihren gold schimmernden, 2-3 cm großen Blütenkrönchen. Dekorativ sind die herzförmigen, bis zu 20 cm großen Blätter, welche glatt auf der Wasseroberfläche liegen. Die Pflanze lässt sich auch in einem etwas größeren Kübel kultivieren, denn ihr Wurzelsystem breitet sich nur langsam aus.

Familie:
Seerosengewächse, Nymphaeaceae

1-3 m

VI - IX

gelb

30-100 cm

Sonne, Halbschatten

Europäische Trollblume
Trollius europaeus

Familie:
Hahnenfußgewächse, Ranunculaceae

30-50 cm

V-VI

goldgelb

0 cm

Sonne, Halbschatten

Trollblumen lieben feuchthumose Lehm- und Moorböden. Ob einzeln oder in Gruppen – ihre runden Goldköpfchen bringen in Gemeinschaft mit Sumpfvergissmeinnicht und anderen niedrig wachsenden Stauden Farbe in den Wassergarten. Insekten vieler Art sind ihre Besucher. Zwischen hoch wachsenden Stauden neigen Trollblumen zum Kümmern. Unsere einheimische Trollblume hat durch Kreuzungen mit fernöstlichen Sorten zu wunderschönen Züchtungen geführt. Diese haben teilweise orangefarbene und auch gefüllte Blütenstände.

Kleine Trollblume
Trollius pumilus

Im Gegensatz zur Europäischen Trollblume mit den rundlichen Blütenköpfchen, zeigt die Kleine Trollblume schalenförmig geöffnete Blüten. Die buschig wachsende Staude braucht einen feuchthumosen Lehm- oder Moorboden. Durch ihre geringe Größe ist sie besonders gut für Kübelpflanzungen geeignet. Hochwüchsige Pflanzen verträgt sie nicht, und sie würde dazwischen auch viel von ihrer reizvollen Wirkung verlieren. Zarte Gräser, kleine Primelarten und andere zierliche Frühlingsblüher sind ihre passenden Pflanzennachbarn.

Familie:
Hahnenfußgewächse, Ranunculaceae

20-40 cm

V-VI

goldgelb

0 cm

Sonne, Halbschatten

Fotos: C. Gering

Wasserknöterich
Persicaria amphibia, Syn. *Polygonum amphibium*

Familie:
Knöterichgewächse,
Polygonaceae

- Blüte 10-15 cm
- VI-IX
- rosa
- 20-80 cm
- Sonne, Halbschatten

Der Wasserknöterich ist nicht nur sehr ansprechend, sondern auch sehr anpassungsfähig, da sich seine Blätter zu einer Wasser- und einer Landform entwickeln können. Seine Ausläufer vermehren sich stark und daher ist er weniger für kleine Teiche zu empfehlen, es sei denn, man hält ihn durch Eingrenzung unter Kontrolle. Schön anzusehen sind seine glänzenden, lederartigen Schwimmblätter. Sie liegen glatt auf dem Wasser. Die hübschen, walzenförmigen Blütenähren steigen im Hochsommer aus dem Wasser auf.

Wassernabel
Hydrocotyle vulgaris

Familie:
Araliengewächse,
Araliaceae

- 2-8 cm
- VII-VIII
- weiß, blassrot
- 0-10 cm
- Sonne

Der Schmuck dieser Wasserpflanze sind ihre Namen gebenden Blätter. Sie sind in der Mitte nabelartig vertieft, kreisrund, langstielig und an den Rändern eingekerbt. Unscheinbar die sehr kleinen Blüten. Aufgrund seines raschen Wuchses ist der Wassernabel bestens geeignet für die Begrünung von Teichrändern und zum Unterwuchs im Röhricht. Mit unterirdischen Ausläufern dringt er tief in das Wasser vor, die Blätter aber schwimmen auf der Wasseroberfläche. Da er saures Wasser liebt, eignet er sich gut für das Moorbeet.

Wasserhyazinthe
Eichhornia crassipes

Diese subtropische Schwimmpflanze bietet einen unvergesslichen Anblick wenn sie blüht und blaue Wasserteppiche in unvorstellbaren Ausmaßen bildet. In unseren Breiten werden wir uns mit einigen Blüten begnügen müssen. Schmückend sind auch ihre herzförmigen, von luftgefüllten Stielen getragenen Blätter. Im flachen Wasser schickt sie ihre Wurzeln bis zum Bodengrund. Eine Überwinterung ist möglich im hellen, warmen Raum in einer Schale, befüllt mit 10 cm hohem Wasserstand und einem Bodengrund aus lehmhaltiger Erde.

Familie:
Hechtkrautgewächse, Pontederiaceae

30-40 cm

VII-IX

hellviolett

10-50 cm

Sonne

Wassernuss
Trapa natans

Familie:
Wassernussgewächse, Trapaceae

- 30-40 cm
- VI-VIII
- weiß
- 30-80 cm
- Sonne

Aus einer kleinen Nuss auf dem Gewässergrund entwickelt sich ein langer Trieb, der sich am Boden verankert und zur Wasseroberfläche empor wächst. Dort entsteht eine schöne Schwimmblattrosette aus grünen, an dick aufgeblasenen Stielen sitzenden Blättern. In den Blattachseln entwickeln sich braunschwarze Früchte (Nüsse). Die grünen Blätter der Wassernuss färben sich im Herbst dunkelrot. Unsere einheimische Wassernuss ist fast ausgestorben und steht unter Naturschutz. Im Handel befinden sich meist tropische Nüsse.

Dichtblättrige Wasserpest
Egeria densa

Familie:
Froschbissgewächse, Hydrocharitaceae

- 30-50 cm
- VI-VII
- weiß
- 30-60 cm
- Sonne, Halbschatten

Diese subtropische Wasserpest bringt schöne Blüten hervor, überdauert den Winter aber nur im tiefen Wasser. Im Gegensatz zur einheimischen und wegen ihres Ausbreitungsdranges kaum beliebten Wasserpest (*Elodea canadensis*), ist sie weniger robust und wird leicht brüchig. Ihre Vermehrung erfolgt durch Seitensprossen. Bisher als Aquarienpflanze bekannt, findet man sie nun auch auf dem Gartenteichmarkt. Aus Gründen des Naturschutzes sollte man darauf achten, dass diese Pflanze nicht in freie Gewässer gelangt.

Gemeiner Wasserstern, Sumpf-Wasserstern
Callitriche palustris

Wassersterne sind sehr zierend durch ihre hellgrünen Blattrosetten an der Wasseroberfläche. Sie fluten im Wasser oder wachsen kriechend im Uferschlamm. Für Wassertiere sind ihre dichten Polster willkommene Versteckmöglichkeiten. Die Pflanzen bleiben selbst im Winter unter der Eisdecke grün und wachsen dort auch weiter. Sie gehören daher zu den wichtigsten Sauerstoff spendenden Unterwasserpflanzen. Aus der großen Familie der Wassersterngewächse wird im Handel meist der Gemeine Wasserstern angeboten.

Familie:
Callitrichaceae, Wassersterngewächse

20-50 cm

V-IX

grünlichweiß

2-40 cm

Sonne, Halbschatten, Schatten

Winterschachtelhalm
Equisetum hyemale

Familie:
Schachtelhalmgewächse, Equisetaceae

100-150 cm

Sporenbildung VI-VIII

0-30 cm

Sonne, Halbschatten

Eine sehr dekorative Pflanze mit starkem Ausbreitungsdrang. Von hohem Schmuckwert sind die aufrechten, kräftigen Halme. Sie sind farblich abgesetzt und haben weißliche und hellgrüne bis bräunliche Ringe. Die Pflanze bevorzugt einen wassernahen, kiesigen Boden und bildet Ausläufer. Daher sollte man in kleineren Anlagen für Eingrenzung sorgen oder eine Gefäßpflanzung vorziehen. Wie der Name schon vermuten lässt, ist dieser Schachtelhalm wintergrün und daher auch schön anzusehen im winterlichen Wassergarten.

Fotos: H. Hieronimus

Breitblättriges Wollgras
Eriophorum latifolium

Stauende Nässe mag diese hübsche, Horst bildende Moorbeetpflanze nicht, aber sie lässt sich gut in der sumpfigen Randzone des Gartenteiches bei leicht saurem Boden kultivieren. Auch für ein kleines Moorbeet ist sie geeignet, denn sie wuchert im Gegensatz zu einigen anderen Wollgrasarten nicht, indem sie keine Ausläufer bildet. Die Blütenstängel tragen fünf bis zwölf braune, flaumig behaarte Ährchen, die sich nach der Fruchtreife zu dekorativen, silbrigweißen Haarschöpfen (Samenstände) entwickeln.

Familie:
Sauergräser, Cyperaceae

40-60 cm

IV-V

braun

0 cm

Sonne

Zebrasimse
Schoeneplectus tabernaemontani „Zebrinus"

Familie:
Riedgrasgewächse, Cyperaceae

80-120 cm

VI-VIII

braun

10-30 cm

Sonne, Halbschatten

An windexponierten Stellen sollte diese aufrechte Pflanze mit ihren langen Stängeln nicht stehen. Die weiße, chlorophyllarme Querbänderung ihrer grünen Halme sind nämlich regelrechte Bruchstellen, denn das Stützgewebe ist dort weniger gut ausgebildet. In kleinen Gruppen an warmer, windgeschützter Stelle im Gartenteich oder in Gefäßen ist der beste Platz für diese dekorative Simse. Besonders die Jungtriebe bringen mit ihrer hübschen Bänderung Farbe in den Teich, vergrünen aber mit dem Längenwachstum.

Zwergrohrkolben
Typha minima

Besitzer kleinerer Gartenteiche, die auf Rohrkolben nicht verzichten möchten, sollten den Kleinen einsetzen. Er ist zierlich und wirkt besonders in Gruppen. Seine dekorativen Kolben überragen das schmale, dunkelgrüne Laub. Direkt am Ufer oder im Flachwasser ist für ihn in der Sonne der geeignete Platz. Dort bildet er grasartige Bestände. Um sein Wandern einzudämmen, ist in Kleinteichen eine Kübelpflanzung angebracht. Für Vasenschmuck und Trockenbinderei sind seine kugeligen Blütenkolben gut geeignet.

Familie:
Rohrkolbengewächse, Typhaceae

- 50-80 cm
- VI-VII
- braun
- 2-10 cm
- Sonne

Foto: H. Hieronimus

Verzeichnis der wissenschaftlichen Pflanzennamen

Acorus calamus	47	*Geum rivale*	27
Acorus gramineus	47	*Gladiolus palustris*	73
Ajuga reptans	41	*Gratiola officinalis*	40
Alisma plantago-aquatica	36	*Hibiscus moscheutos*	74
Anemopsis californica	26	*Hibiscus palustris*	74
Azolla caroliniana	48	*Hippurus vulgaris*	78
Azolla filiculoides	25	*Houttuynia cordata*	33
Butomus umbellatus	29	*Hydrocharis morsus-ranae*	36
Calla palustris	75	*Hydrocotyle vulgaris*	84
Callitriche palustris	87	*Iris ensata*	65
Caltha palustris	70	*Iris pseudacorus*	63
Carex pseudocyperus	68	*Iris sibirica*	65
Ceratophyllum demersum	45	*Iris versicolor*	64
Egeria densa	86	*Jucus inflexus*	29
Eichhornia crassipes	85	*Juncus effusus*	30
Eleocharis palustris	30	*Lobelia cardinalis*	50
Equisetum hyemale	88	*Lobelia siphilitica*	51
Eriophorum latifolium	89	*Lysichiton americanus*	66
Eupatorium purpureum	56	*Lysichiton camtschatcensis*	67
Euphorbia palustris	78	*Lysimachia ciliata*	35
Filipendula ulmaria	52	*Lysimachia nummularia*	54
Fritillaria meleagris	62	*Lysimachia thyrsiflora*	39

Lysimachia vulgaris	38	*Pontederia cordata*	42
Lythrum salicaria	32	*Potentilla palustris*	31
Marsilea quadrifolia	48	*Primula beesiana*	58
Mentha aquatica	27	*Primula denticulata*	60
Menyanthes trifoliata	34	*Primula rosea*	57
Mimulus spp.	37	*Ranunculus flammula*	44
Myosotis scorpioides	76	*Sagittaria sagittifolia*	53
Myriophyllum aquaticum	79	*Saururus cernuus*	53
Nasturtium officinale	33	*Schoeneplectus tabernaemontani*	90
Nuphar lutea	80	*Silene flos-cuculi*	49
Nuphar pumila	81	*Sparganium erectum*	46
Nymphaea 'Froebeli'	19	*Stratiotes aloides*	49
Nymphaea tetragona	19	*Thelypteris palustris*	72
Nymphaea 'Marliacea rosea'	20	*Trapa natans*	86
Nymphaea 'Poestlingberg'	19	*Trollius europaeus*	82
Nymphaea 'Rose Arey'	18	*Trollius pumilus*	83
Nymphaea 'Sunrise'	19	*Typha latifolia*	61
Nymphoides peltata	69	*Typha minima*	91
Orontium aquaticum	40	*Valeriana officinalis*	28
Parnassia palustris	74	*Veronica beccabunga*	26
Persicaria amphibia	84		
Phragmites australis	68		

Fordern Sie Ihr Probeheft an!

Ihr Magazin für die Oase im eigenen Garten

- **4 x im Jahr pure Lebenslust im Garten**
- **Stilvolle Teiche und Wasserspiele für kleine und große Gärten**
- **Inspirationen zum Genießen und Selbermachen**
- **Praktische Anlage- und Gestaltungstipps**
- **Schöne Pflanzen und Tiere im und am Teich**
- **Technik und Pflege ganz einfach**
- **Exklusive Einblicke in die schönsten Gärten**

Einfach Probeheft per Telefon anfordern
LeserService 0 72 43 / 575-143
service@daehne.de · www.gartenteich.com

Dähne Verlag
Ich weiß.

Dähne Verlag GmbH
Postfach 10 02 50
76256 Ettlingen
Tel. +49 / 72 43 / 575-143
Fax +49 / 72 43 / 575-100
service@daehne.de

Für kräftige Blüten und leuchtende Farben

Optimale Wasserwerte für eine bessere Nährstoffaufnahme

Frei von Phosphaten, dadurch kein Algennährstoff

- Stellt lebenswichtige Pflanzennährstoffe (Makronährstoffe und Spurenelemente) sowie Eisen im Gewässer bereit
- Stärkt und kräftigt alle Teichpflanzen
- Fördert die Wurzel-, Blüten- und Knospenbildung
- Erhöht die Farbkraft von Blattwerk und Blüte
- Führt nicht zur Überdüngung von Teichen da frei von Phosphaten
- Besonders gut für Seerosen geeignet

www.soelltec.de

Bücher für den Wassergarten

Dieter Bechthold / Harro Hieronimus
Seerosen
Blütenzauber im Gartenteich

220 Seiten, 350 Fotos, geb.,
ISBN 978-3-935175-33-3

Sie ist unbestritten die Königin des Gartenteichs: Die Seerose. Das einzige aktuelle und üppig illustrierte Buch stellt die 200 wichtigsten Sorten vor und berät bei der eigenen Auswahl und Pflege. Ein Fest für die Augen und ein Muss für alle Verehrer der königlichen Blume.

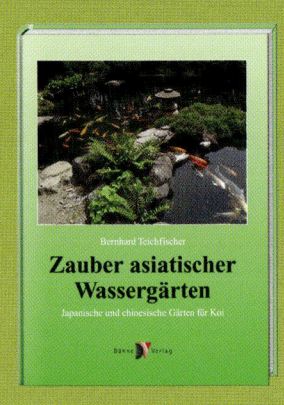

Bernhard Teichfischer
Koi in den schönsten Wassergärten

5., völlig überarbeitete Auflage,
248 Seiten, 360 Farbfotos und Skizzen, geb.,
ISBN 978-3-935175-21-0

Das umfassende Standardwerk zu Teichbau und Koipflege.

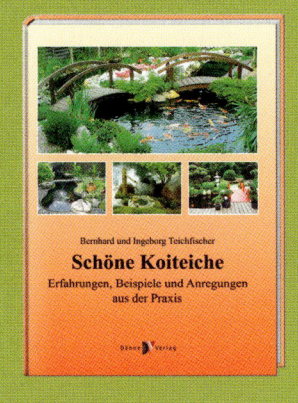

Bernhard und Ingeborg Teichfischer
Schöne Koiteiche
Erfahrungen, Beispiele und Anregungen aus der Praxis

224 Seiten, 260 Farbfotos, geb.,
ISBN 978-3-921684-86-3

150 unterschiedliche Koi-Anlagen in Wort und Bild beschrieben.

Bernhard Teichfischer
Zauber asiatischer Wassergärten
Japanische und chinesische Gärten für Koi

2. Auflage, 112 Seiten, 140 Farbfotos, geb., ISBN 978-3-935175-22-7

Schönheit und Funktion japanischer und chinesischer Gartenkunst in Wort und Bild.

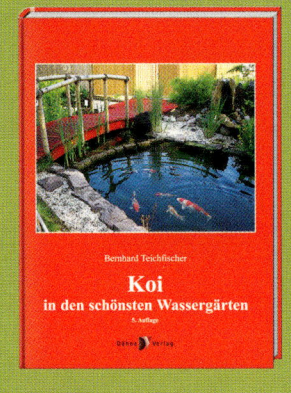

Dähne Verlag
Ich weiß.

Dähne Verlag GmbH
www.gartenteich.com
service@daehne.de